LE RÉFÉRENDUM CONFISQUÉ
de Claude-V. Marsolais
est le quatre cent vingt-deuxième ouvrage
publié chez
VLB ÉDITEUR
et le vingt-troisième de la collection
«Études québécoises».

LE RÉFÉRENDUM CONFISQUÉ

Claude-V. Marsolais

Le référendum confisqué

Histoire du référendum québécois du 20 mai 1980

vlb éditeur

VLB ÉDITEUR
Une division du groupe Ville-Marie Littérature
1000, rue Amherst, bureau 102
Montréal (Québec)
H2L 3K5
Tél.: (514) 523-1182
Télécopieur: (514) 282-7530

Maquette de couverture:
Éric L'Archevêque

FC
2925
• 9
R4
M 37
1992

Illustration de la couverture:
Francine Sylvestre

Distribution:
AGENCE DE DISTRIBUTION POPULAIRE
955, rue Amherst
Montréal (Québec)
H2L 3K4
Tél.: à Montréal: 523-1182
      de l'extérieur: 1-800-361-4806

Introduction

Dans un essai politique récent, un ancien fonctionnaire reconverti dans l'enseignement universitaire à Laval, Christian Dufour, soutenait que «...tant que n'auraient pas été examinées sans complaisance les raisons qui expliquent les défaites passées, le Québec serait plus ou moins condamné à répéter les mêmes erreurs, à s'infliger souvent lui-même d'autres défaites qui, chaque fois, l'éloigneront encore plus du but visé[1]».

Cet ouvrage, en empruntant la méthode critique, s'est donné comme objectif de cerner pourquoi le référendum du 20 mai 1980 fut un échec pour les Québécois, et de diagnostiquer les erreurs de parcours ou les faits d'armes des acteurs en présence à partir des actions et des gestes posés. Car il faut bien le préciser, il y avait trois principaux acteurs en présence: le gouvernement du Parti québécois, le Parti libéral du Québec et le gouvernement fédéral. Des acteurs secondaires ont également joué un rôle plus ou moins important, selon le cas, en contribuant par leurs agissements à infléchir la victoire ou la défaite d'une des deux options officielles en présence: la souveraineté-association ou le fédéralisme renouvelé.

Mais une troisième option qui ne faisait pas l'enjeu du référendum, le fédéralisme centralisateur, a réussi à détourner à son avantage la victoire du

---

1. Christian Dufour, *Le défi québécois*, Montréal, l'Hexagone, 1989, p. 81.

«Non», centrée sur le renouvellement du fédéralisme, pour imposer le *statu quo*.

Notre but est de démontrer que le déséquilibre entre les actions entreprises et les moyens utilisés par les tenants du fédéralisme centralisateur comparativement à ceux des tenants de la souveraineté-association et à ceux des partisans du fédéralisme renouvelé a été l'un des principaux facteurs dans la défaite du «Oui» au référendum, et cela malgré une question si sécurisante qu'elle aurait permis au peuple québécois de trancher «en aval», lors d'une deuxième consultation populaire. Même les partisans du fédéralisme renouvelé ont été floués dans le processus.

Le résultat de la défaite des souverainistes-associationnistes et des néo-fédéralistes fut la consécration de la thèse prônée par Pierre Elliott Trudeau, le fédéralisme fonctionnel, qui ne pouvait se satisfaire qu'en accaparant de nouveaux pouvoirs. Appuyé par les intellectuels et les politiciens du Canada anglais, Trudeau a obtenu ce qu'il voulait, l'adoption en 1982 d'une nouvelle constitution canadienne, qui reprenait avec quelques modifications importantes de nombreux articles de l'Acte de l'Amérique du Nord britannique, conservé à Londres, et qui imposait aux Québécois une Charte des droits et libertés restreignant la portée de la Charte de la langue française.

L'acte constitutionnel de 1982 n'est manifestement pas le renouveau du fédéralisme que la majorité des Québécois attendaient lorsqu'ils ont voté au référendum, note Peter Brimelow, qui craint que les fédéralistes ne soient plus capables de jouer la carte du fédéralisme renouvelé lors de la prochaine crise séparatiste[2].

En confisquant à son profit la thèse du fédéralisme renouvelé, par d'habiles manœuvres que

2. Peter Brimelow, *The Patriot Game*, Toronto, Key Porter Books, 1986, p. 222.

Machiavel ne désapprouverait pas, Trudeau a rendu
cette option suspecte auprès des Québécois francophones et honnie par la grande majorité des Canadiens anglais.

Se voulant prophétique, Joe Clark avait indiqué
une semaine avant la tenue du référendum de 1980
que les tenants du «Non» pourraient bien perdre la
confiance et voter «Oui» lors d'un second référendum, si les fédéralistes canadiens n'effectuaient pas
les changements constitutionnels promis, advenant
une victoire de leur option[3]. Par un curieux revirement de l'histoire, c'est maintenant lui qui aura, en
1991, la responsabilité de définir ces changements
constitutionnels souhaités.

Mais les Québécois ont maintes fois fait preuve
d'immaturité dans leur jugement politique. Au lieu
de tenter de se prendre en main en empruntant la
voie de la souveraineté, ils ont recherché instinctive-
ment leur sécurité collective en misant sur l'unanimité, par un vote massif en faveur d'un parti ou
l'autre sur la scène fédérale, comme pour se réserver
un droit de regard sur un pays qu'ils ne dominent
pas. C'est un trompe-l'œil, car ils ne font que gagner
un peu de temps avant la crise suivante, toujours
plus proche.

Comme le constate Léon Dion[4], bien que les peuples minoritaires, dominés ou occupés, recherchent
viscéralement l'unanimité dans le but de présenter un
front uni face à l'ennemi, leurs conditions sont plutôt
sources de divisions intestines que de regroupement
sous la même bannière menacée, en rappelant que de
nombreux hommes politiques québécois ont par le

---

3. Gilles Paquin, «Les tenants du Non pourraient voter Oui au second
référendum», *La Presse*, 13 mai 1980, p. A 9.
4. Léon Dion, *Québec 1945-2000, À la recherche du Québec*, tome 1,
Québec, Les Presses de l'Université Laval, 1987, p. 69-70.

passé été accusés de collaborer avec l'ennemi ou d'être des traîtres.

Une question fondamentale

Plusieurs Québécois ont sans doute vu dans les événements de l'Europe de l'Est une lueur d'espoir quant à la possibilité de s'autodéterminer et de se libérer d'une tutelle plus que centenaire. Par contre, les déclarations plutôt incohérentes des grandes nations, comme la Croatie et la Slovénie, face à l'auto-détermination de certains peuples, laissent subsister un certain malaise. Les Québécois ont raison de se demander s'ils ont le droit de s'autodéterminer et selon quelles conditions.

L'un des nombreux experts en droit constitution-nel, Jacques Brossard, a démontré que le peuple qué-bécois a le droit non seulement de disposer de lui-même, mais aussi de créer un État souverain et indé-pendant, de s'associer ou de s'intégrer avec un autre État indépendant ou d'acquérir tout autre statut poli-tique librement consenti par consultation populaire[5].

Selon lui, les conditions requises pour exercer son droit à l'autodétermination sont les suivantes[6]:

1- Il doit s'agir d'un «peuple distinct» au sens de la Charte des Nations unies.
2- Ce peuple doit avoir une certaine dimension politi-que et doit disposer d'un territoire et de structures propres afin de pouvoir se constituer en État.
3- Le futur État doit être viable.
4- Il doit accepter de se conformer aux principes de la Charte des Nations unies et du droit international.

---

5. Jacques Brossard, *L'accession à la souveraineté et le cas du Québec: conditions et modalités*, Montréal, Les Presses de l'Université de Montréal, 1976, p. 81, 83.
6. *Ibid.*, p. 191.

5- La décision prise doit correspondre à la volonté du peuple concerné.

Les quatre premières conditions ne font pas de doute et la cinquième demeure une hypothèse aussi longtemps qu'une majorité suffisante n'aura pas approuvé l'accession du Québec à la pleine souveraineté. Or, en vertu de nos traditions démocratiques, il est douteux qu'un gouvernement s'engage dans cette voie sans avoir obtenu un appui populaire suffisant.

Un obstacle

Un obstacle demeure et c'est la déclaration de 1970 sur les relations amicales entre les États et la façon restrictive dont on semble interpréter à l'ONU le droit de «libre disposition des peuples» dans le cas d'une sécession. Selon cette condition, le peuple candidat à l'indépendance ne doit pas, en accédant à l'indépendance étatique, «démembrer ou menacer» l'intégrité territoriale d'un autre État, en l'occurrence celle de l'État englobant à moins que:

— cet État ne lui reconnaisse l'égalité de droits;

— ou qu'il ne lui permette d'exercer librement son droit à l'autodétermination sur le plan interne;

— ou qu'il ne s'agisse là d'un peuple soumis à un régime colonial;

— ou que l'État dont l'intégralité territoriale serait affectée par l'accession de ce peuple à l'indépendance étatique ne lui accorde lui-même le droit de sécession ou ne consente lui-même à son détachement de fait[7].

Il semble que la principale objection est que la sécession risque de scinder le Canada en deux. C'est un obstacle facilement surmontable dans la mesure où le parti qui prône cette cause exprime le souhait

---

7. *Ibid.*, p. 195-196.

d'adhérer librement à une association économique avec le Canada, ce qui suppose la libre circulation des personnes et des biens sur leurs territoires respectifs.

René Lévesque, en élaborant en 1967 son programme politique qui prévoyait la souveraineté association*, faisait preuve d'un esprit «visionnaire» puisque celle-ci répondait à la déclaration des Nations unies adoptée en 1970.

Il est à noter qu'en ce qui concerne l'exercice du droit à l'autodétermination, le Nouveau Parti démocratique a adopté une résolution en ce sens en 1987 de même que le Parti conservateur en 1991[8]; seul le Parti libéral du Canada n'a pas encore adopté de résolution reconnaissant au Québec ce droit.

Or, en 1980, le gouvernement libéral de Pierre Elliott Trudeau, bien qu'il n'ait pas empêché la tenue du référendum sur la souveraineté, est intervenu massivement pour infléchir le résultat du vote.

Selon José Woehrling, professeur en droit constitutionnel à l'Université de Montréal, si le Québec décidait de se séparer du Canada pour devenir souverain, il pourrait en théorie y parvenir en respectant la Constitution canadienne, par le biais de la procédure générale de modification prévue à l'article 38. Il estime qu'il serait plus facile pour le Québec de faire approuver sa sécession par le Canada anglais, en l'occurrence par les autorités fédérales et celles de six provinces, que d'obtenir certains changements consti-

---

* Dans la version 1968 de son programme, le PQ stipulait que la souveraineté association, sans trait d'union, signifiait que le Québec deviendrait indépendant dès qu'une majorité de Québécois l'aurait exprimé lors d'un scrutin électoral. Par la suite, le gouvernement entamerait des négociations sur l'association économique avec le reste du Canada. En 1978, la souveraineté-association, avec un trait d'union, faisait de la négociation sur l'association économique un préalable à la souveraineté. (N.D.A.)
8. Le Parti conservateur a adopté, le 9 août 1991, une résolution confirmant ce droit à l'autodétermination du Québec.

tutionnels comme la reconnaissance d'un droit de veto au Québec, ce qui exigerait l'approbation unanime des dix assemblées législatives provinciales, celle de la Chambre des communes et du Sénat[9].

À défaut d'obtenir ce consentement, le Québec pourrait parvenir à la souveraineté par une déclaration unilatérale d'indépendance confirmée par un référendum, bien que le référendum ne soit pas obligatoire en vertu du droit international. Si ce scénario se révélait le plus plausible, le Québec aurait avantage à indiquer ses intentions concernant le respect des obligations contractuelles conclues alors qu'il n'était que province, comme les traités, les dettes, les droits des minorités, etc.

En ce qui concerne l'intégralité territoriale du Québec advenant la sécession, certains groupes extrémistes et intellectuels anglophones[10] la remettent en question en exigeant un corridor territorial entre le Nouveau-Brunswick et l'Ontario, ou encore le détachement du Nouveau-Québec. À ce jeu, les séparatistes québécois pourraient tout aussi bien exiger l'annexion d'une partie de l'Ontario, du Nouveau-Brunswick, du Labrador et prévoir aussi un corridor à l'intérieur du Canada pour rejoindre les minorités francophones. Mais sur le strict plan juridique, le professeur Woehrling soutient qu'en vertu des dispositions de la Constitution canadienne, les frontières actuelles du Québec ne peuvent être modifiées sans son consentement. De même, le Québec ne

9. Commission sur l'avenir politique et constitutionnel du Québec, *Éléments d'analyse institutionnelle, juridique et démolinguistique pertinents à la révision du statut politique et constitutionnel du Québec*, Document de travail n° 2, 1er trimestre 1991.
10. Je fais référence ici au récent ouvrage *Deconfederation* des auteurs Davis J. Bercuson et Barry Cooper, deux professeurs de l'Université de Calgary mais aussi deux ex-Montréalais ayant probablement encore la mentalité «rhodésienne», comme René Lévesque se plaisait à qualifier les Québécois anglophones au tempérament impérialiste.

pourrait exiger le rapatriement du Labrador dans son territoire.

Le pire des scénarios, qui est étranger à nos mœurs démocratiques, mais qui ferait l'affaire des extrémistes anglophones, serait que l'État fédéral, ayant refusé la sécession du Québec, y dépêche son armée (il est assez aléatoire de penser que tous les militaires obéiraient à un tel ordre puisque l'armée est composée de 30 p. 100 de francophones) pour s'accaparer d'une partie du territoire ou de sa totalité. Mais il y en a d'autres comme la tenue d'un référendum pancanadien pour consulter la population des autres provinces sur le départ du Québec, la contestation devant les tribunaux de tous les actes du gouvernement sécessionniste, la mise en vigueur de la Loi sur les mesures d'urgence, la suspension des libertés civiles, etc.[11]

Sur le plan juridique, Jacques Brossard estime que le Québec ne constitue aucunement une colonie, puisqu'il s'agit d'un État fédéré doté de son propre gouvernement responsable et d'un certain nombre de compétences autonomes.

Mais dans la réalité, poursuit-il, le Québec se trouve dans une situation semi-coloniale sur le plan économique et financier et son régime politique risque de devenir colonial si les autorités québécoises venaient à manquer de fermeté face aux autorités fédérales ou face aux puissances d'argent. De même, sur le plan psychologique, la majorité des Anglo-Canadiens et la majorité des Québécois francophones répondent bien aux portraits robots du colonisateur et du colonisé mais avec la nuance suivante: les Québécois sont des colonisés bien nourris[12].

---

11. Commission sur l'avenir politique et constitutionnel du Québec, *op. cit.*, p. 100.
12. Jacques Brossard, *op. cit.*, p. 225-226.

Dans leur campagne pour inciter les Québécois à voter «non» à la question référendaire qui sollicitait un appui au mandat de négocier la souveraineté-association, les tenants du fédéralisme ont d'ailleurs rabattu les oreilles des Québécois avec des arguments économiques, invoquant ce qu'ils pouvaient perdre tels les paiements de péréquation, les subventions au pétrole, les pensions de vieillesse, les allocations familiales, etc. On soulevait donc des craintes de nature économique.

Évidemment, si le référendum se tenait aujourd'hui, le gouvernement fédéral n'aurait sans doute pas autant de «bonbons» à offrir aux Québécois pour les convaincre de demeurer à l'intérieur de la fédération. Mais, à l'époque, les circonstances lui permettaient d'être généreux.

Comme nous allons le voir dans les chapitres suivants, l'attitude du Parti québécois, qui a pris le pouvoir en novembre 1976 dans le dessein de réaliser la souveraineté du Québec, n'a pas cessé d'être ambiguë et dilatoire. Le genre de combattant candide qui se présente sur le champ de bataille avec, comme seule arme, la conviction sincère qu'il détient la vérité et qu'il peut persuader.

Non moins naïve fut l'attitude des partisans d'un fédéralisme renouvelé, en particulier le Parti libéral du Québec qui s'était imposé comme chef de file de cette option, en croyant que la victoire du Non consacrerait *de facto* une nouvelle redistribution des institutions politiques entre le Québec et le Canada anglais qui permettrait aux Québécois francophones de jouir d'un plus grand espace de liberté à l'intérieur de la fédération.

Bref, le référendum de 1980 fut confisqué aux Québécois, non pas tant parce qu'il fut récupéré par les autorités fédérales de l'époque, mais peut-être bien parce que les desseins les plus profonds des hommes politiques qui dirigeaient le Parti québécois et le Parti libéral du Québec étaient avant tout de satisfaire leurs ambitions politiques, la quête d'un pouvoir aussi minime soit-il.

Quatre chapitres sont consacrés à des acteurs secondaires qui, comme nous le mentionnions au départ, ont joué un rôle important dans l'issue référendaire: les médias, les intellectuels, les syndicats et le monde patronal.

Nous verrons comment les journalistes ont été manipulés pendant la campagne référendaire et les raisons qui les ont amenés à pratiquer l'autocensure. Nous étudierons aussi le comportement des intellectuels pendant cette période.

L'attitude des syndicats et l'emprise, dans les débats internes, des idéologies d'extrême gauche seront également analysées. Enfin, nous aborderons la position pro-fédéraliste du patronat lors de ce moment historique, position davantage motivée par la crainte de voir le marché canadien se fermer à leurs produits et services.

CHAPITRE PREMIER

Après le 15 novembre 1976, le commencement de la fin de la souveraineté association...

Les modalités d'accession à la souveraineté ont connu une évolution considérable entre la fondation du Parti québécois en 1968 et sa prise du pouvoir le 15 novembre 1976. Alors qu'à l'origine, un vote majoritaire pour le PQ, lors des élections générales, suffisait à enclencher le processus d'accession à la souveraineté, le congrès du parti en 1974 y ajouta une obligation additionnelle, la ratification par la population de ce nouveau statut politique par référendum.

Or, après la prise du pouvoir en 1976, le gouvernement Lévesque n'entreprit aucune négociation avec le gouvernement fédéral pour enclencher le processus de séparation comme le prévoyait le programme du Parti québécois. Au contraire, on ajouta une étape supplémentaire. Le référendum devenait un préalable à la négociation. Puis, par la suite, la souveraineté devint indissociable de l'association économique avec le reste du Canada, ce qui devait conduire à une «opération suicide». L'ajout d'un second référendum devait alourdir davantage le processus et le reculer à une date indéterminée.

La multiplication de ces étapes laisse subsister un doute sur les véritables intentions du Parti québécois

Le 14 octobre 1967, René Lévesque quitte la salle du Château Frontenac où sont rassemblés les délégués au congrès du Parti libéral du Québec. Il rompt avec un parti qui refuse de discuter son projet de souveraineté association.

Photo *La Presse,* tirage Pierre Lalumière.

dans les années 70. Était-il davantage attiré par l'administration gouvernementale que par la réalisation de la souveraineté? Plusieurs indices le laissent croire telles la démobilisation du militantisme au sein du parti et l'insouciance affichée face aux actions entreprises par le gouvernement fédéral pendant cette période.

Nous allons analyser en détail, en empruntant la démarche historique, l'évolution qu'ont connue les modalités d'accession à la souveraineté de 1968 à 1980 et les erreurs stratégiques commises par le gouvernement au cours de cette période.

La conception du MSA

À ses origines, le Mouvement souveraineté association concevait la réalisation de son projet en deux temps: d'abord faire en sorte que le Québec devienne au plus tôt un État souverain et ensuite négocier une association économique avec le reste du Canada selon la formule courante des marchés communs[1]. Or cette démarche somme toute logique ne résista pas aux attentes électoralistes de la direction du Parti québécois qui multiplia les étapes afin d'élargir sa base partisane. Examinons cette évolution.

Au moment de la fondation du parti en novembre 1968, le programme du PQ véhicule clairement l'idée que la victoire électorale signifie l'avènement de la souveraineté:

> Le Québec négociera son accession à la souveraineté soit avec l'État fédéral (si les autres États provinciaux lui permettent de négocier en son nom),

---

1. René Lévesque, *Option Québec*, précédé d'un essai d'André Bernard, Montréal, Éditions de l'Homme, 1988, p. 128-130.

Le 14 octobre 1967, Gilles Grégoire (à gauche), qui a fusionné son parti, le Ralliement national, avec le Mouvement Souveraineté Association, réussit à faire adopter majoritairement le nom de Parti québécois par les délégués.

Photo *La Presse*, tirage Pierre Lalumière.

Le 16 novembre 1974, lors du 5e congrès du Parti québécois, René Lévesque vote en faveur de la proposition prévoyant un référendum sur l'indépendance.

Photo Jean Goupil, *La Presse*.

soit avec les représentants des autres États provinciaux, ce qui suppose la désignation de l'interlocuteur anglo-canadien et un rapport d'égalité à établir entre les deux parties en présence... Si toute entente s'avérait impossible, le Québec devrait procéder unilatéralement[2].

Dans l'édition 1969 du programme, l'idée de souveraineté est renforcée puisqu'on y dit que le «Québec négociera les modalités d'application de sa souveraineté acquise[3]».

Renforcement encore en 1973 alors que le programme engage le parti à «mettre immédiatement en branle le processus d'accession à la souveraineté dès que celle-ci aura été proclamée en principe par l'Assemblée nationale en s'opposant à toute intervention fédérale, y compris sous forme de référendum, comme étant contraire aux droits des peuples de disposer d'eux-mêmes[4]».

Or, au cours de la campagne électorale provinciale d'octobre 1973, les dirigeants du PQ renversent carrément la décision adoptée au congrès et font publier des annonces publicitaires proclamant: «Aujourd'hui, je vote pour la seule équipe prête à former un vrai gouvernement. En 1975, par référendum, je déciderai de l'avenir du Québec. Une chose à la fois[5].»

Cette initiative suscita beaucoup de controverses au sein du parti, mais la question se réglera lors du congrès de novembre 1974 avec l'adoption du nouveau programme.

Celui-ci engage le Parti québécois «à mettre immédiatement en branle le processus d'accession à

2. Parti québécois, programme 1968, *Ce pays qu'on veut bâtir*, p. 34.
3. Vera Murray, *Le Parti québécois: de la fondation à la prise du pouvoir*, LaSalle, Hurtubise HMH, 1976, p. 71.
4. Parti québécois, *Programme 1973*, p. 5.
5. René Lévesque, *op. cit.*, p. 38.

la souveraineté en proposant à l'Assemblée nationale, peu après son élection, une loi l'autorisant à exiger d'Ottawa le rapatriement de tous les pouvoirs, à l'exception de ceux que les deux gouvernements voudront, pour fins d'association économique, confier à des organismes communs[6]».

Il est prévu que dans le cas où il lui faudrait procéder unilatéralement, il puisse «assumer méthodiquement l'exercice de tous les pouvoirs d'un État souverain, en s'assurant au préalable de l'appui des Québécois par voie de référendum[7]».

On a toujours prétendu que cette modification au programme avait été déterminante dans la prise du pouvoir par le Parti québécois lors des élections générales du 15 novembre 1976. Or cette interprétation de l'événement qui était généralement admise est maintenant contredite. En effet, l'éminent sociologue Maurice Pinard de l'Université McGill, qui deviendra l'expert en sondages du gouvernement fédéral lors de la campagne référendaire de 1980, a compilé des données de cette élection prouvant que, même sans la promesse de tenir un référendum, le Parti québécois aurait été élu de toute façon[8].

Au lieu de mettre en branle dès le lendemain de sa victoire électorale le processus d'accession à la souveraineté, le premier ministre Lévesque mit en veilleuse le programme du parti qui prévoyait des négociations immédiates avec les autorités fédérales et un référendum en cas d'échec. Il laissa même entendre que le référendum devait précéder la négociation. Lorsqu'on lui souligna que ses paroles allaient à l'encontre du programme du parti, il rétor-

6. Vera Murray, *op cit.*, p. 72.
7. *Ibid.*, p. 73.
8. Hubert Guindon, *Tradition, modernité et aspiration nationale de la société québécoise*, Montréal, Éditions Saint-Martin, 1990, p. 204.

qua que celui-ci était désuet et qu'on l'amenderait au prochain congrès[9].

Le congrès du PQ approuva cette position en 1977. En effet, lors du sixième congrès qui se tint du 27 au 29 mai 1977, les militants libérèrent le gouvernement de l'obligation que lui faisait le programme de «mettre immédiatement en branle le processus d'accession à la souveraineté en proposant, peu après son élection, une loi à cet effet[10]». On adopta un nouveau texte engageant le Parti québécois à «s'assurer, par voie de référendum et au moment qu'il jugera opportun à l'intérieur d'un premier mandat, de l'appui des Québécois sur la souveraineté du Québec».

Le 10 octobre 1978, Lévesque annonça un nouveau recul du concept de la souveraineté association en indiquant, à l'Assemblée nationale, qu'il n'était plus question d'obtenir d'abord la souveraineté puis de négocier l'association par la suite. L'association économique devint un préalable à l'indépendance et l'accession à la souveraineté ne dépendait plus seulement de la volonté du Québec, mais du succès ou de l'échec de la négociation avec le reste du Canada. C'est ce qu'on appela la «stratégie du trait d'union[11]».

Malgré la consternation que cette déclaration provoqua au sein des militants indépendantistes du parti, ce revirement n'eut pas de conséquences fâcheuses pour la direction du gouvernement, puisque les délégués au congrès de juin 1979 acceptèrent docilement de modifier de nouveau le programme.

En effet les congressistes acceptèrent les propositions soumises par l'exécutif du parti dans le manifeste *D'égal à égal* publié en février 1979. Un nouveau texte remplaça l'engagement de tenir un référendum

9. Graham Fraser, *Le Parti québécois*, Montréal, Libre Expression, 1984, p. 88.
10. René Lévesque, *op cit.*, p. 51.
11. Graham Fraser, *op cit.*, p. 189.

sur la souveraineté par un engagement à demander aux Québécois un mandat relatif à la négociation avec le Canada d'une association entre États souverains[12].

De plus, le texte astreignait le gouvernement à ne pas procéder unilatéralement à la déclaration d'indépendance, au cas où il se révélerait impossible d'en arriver à une entente. Si l'entente s'avérait impossible, le gouvernement s'engageait à demander aux citoyens du Québec un nouveau mandat, celui d'exercer sans partage les pouvoirs d'un État souverain[13].

Comme on peut le constater, le programme du Parti québécois, en ce qui concerne les modalités d'accession à la souveraineté, a été passablement chambardé durant cette période de douze ans.

Non seulement il n'est plus question d'accéder à la souveraineté par la voie électorale, mais on dilue encore plus l'idéologie de la souveraineté-association (avec un trait d'union depuis 1978) en demandant aux Québécois un simple mandat de négociation et en y ajoutant un autre référendum en cas d'échec.

Le bon gouvernement

Comme on l'a vu précédemment, au lendemain de sa victoire électorale, René Lévesque s'empressa de mettre en veilleuse la disposition du programme du Parti québécois qui prévoyait des négociations immédiates avec les autorités fédérales et un référendum en cas d'échec.

Lors du sixième congrès du Parti québécois, du 27 au 29 mai 1977, les militants ajustèrent le programme selon les *desiderata* de leur chef. Cette attitude concordait avec les promesses électorales du parti

---

12. René Lévesque, *op. cit.*, p. 59.
13. *Ibid.*, p. 62.

Devant ses partisans célébrant au Centre Paul-Sauvé la victoire du Parti québécois aux élections du 15 novembre 1976, René Lévesque s'adresse à la foule. Il est entouré de Claude Charron, député de Saint-Jacques, et de Gilbert Paquette, député de Rosemont.

Photo Pierre McCann, *La Presse.*

selon lesquelles un gouvernement péquiste serait d'abord un «bon gouvernement» avant de s'engager dans la remise en question de son appartenance au Canada.

Par ailleurs, à ce congrès général, les militants avaient adopté une proposition créant un comité du référendum par comté dont la tâche principale consistait à vendre l'idée de la souveraineté, les modalités de l'association économique avec le reste du Canada étant laissées à la responsabilité du gouvernement qui avait créé un comité à cette fin, dirigé par Bernard Bonin[14].

Ces comités du référendum avaient déjà été mis sur pied par la direction du parti en février 1977. Appelés «comités des vingt», ils étaient chargés de préparer concrètement, sur le terrain, la stratégie référendaire.

Ernest Boudreau, un militant engagé, faisait partie de ce comité dans le comté de L'Assomption.

> Nous étions vingt militants et militantes de la première heure, travaillant fébrilement à mettre sur pied notre structure de comté, fignolant des arguments irréfutables, inventant des techniques nouvelles de pénétration des couches sociales réfractaires à notre projet. Nous étions pressés par le temps. Fallait faire vite[15]...

Mais cet accès de militantisme ne dura pas. Au cours de l'été, le bureau du premier ministre mit ce qu'on pourrait appeler un bémol à l'opération. René Lévesque était-il exaspéré par le bavardage de ces comités et leur incapacité à cibler de manière concrète leurs objectifs, lui qui avait en horreur les partis politiques si l'on se fie aux confidences de son ami Yves

---

14. Archives du Parti québécois, *Procès-verbal du sous-comité national du référendum*, 18 juin 1977, document de 2 pages.
15. Ernest Boudreau, *Le rêve inachevé. Le PQ, l'indépendance et la crise*, Montréal, Nouvelle Optique, 1983, p. 48.

Michaud[16]? Ou craignait-il d'être débordé à court terme, alors même que le gouvernement ne faisait qu'entamer les réformes promises durant la campagne électorale?

Déjà, lors de la réunion du sous-comité national du référendum, le 13 août 1977, les membres évoquent la possibilité de remettre en question la poursuite de leurs travaux. Par la suite, il semble qu'un mot d'ordre ait été donné aux exécutifs de comté pour qu'elles cessent toute action préréférendaire[17]. Dorénavant, la conduite des opérations devait être centralisée au niveau du gouvernement à Québec.

Pendant plus de deux ans, de 1977 jusqu'à l'automne 1979, le Parti québécois aura mis sur pied une structure de comtés inopérante. Cette mise à l'écart prématurée devait soulever de nombreuses critiques dans les rangs des militants actifs qui ne se gênèrent pas plus tard d'attribuer la défaite référendaire à cette injection de somnolence[18].

Au moment où le sous-comité national du référendum évoque l'hypothèse de se mettre en veilleuse, le gouvernement ne dispose encore d'aucun outil légal pour décréter un référendum. Ce n'est que le 24 août 1977 que le ministre responsable de la réforme parlementaire, Robert Burns, dépose un Livre blanc sur les consultations populaires. Mais avant que l'Assemblée nationale n'adopte une loi, il faudra attendre presque un an, celle-ci n'étant sanctionnée que le 14 juin 1978.

À compter de ce jour, René Lévesque pouvait déclencher le référendum à tout moment, d'autant plus que les grandes réformes annoncées étaient dé-

16. Yves Michaud, «Un être qui détestait la bêtise», *La Presse*, 16 mars 1991, p. B 1.
17. Archives du Parti québécois, *Procès-verbal du sous-comité national du référendum*, 13 août 1977. Ernest Boudreau, *op. cit.*, p. 48-49.
18. Robert Barberis, Pierre Drouilly, *Les illusions du pouvoir. Les erreurs stratégiques du gouvernement Lévesque*, Montréal, Éditions Sélect, 1980, p. 7.

sormais inscrites dans des lois. Mais il entra dans une valse-hésitation, attendant que Trudeau se décide à déclencher des élections fédérales. Il avait répété à plusieurs reprises qu'il n'était pas question que le référendum coïncide avec les élections fédérales et voilà que son vis-à-vis fédéral étirait son mandat jusqu'à la limite de cinq ans[19].

Mais la procrastination de Lévesque avait une autre origine. C'est que la souveraineté association ne faisait aucun gain dans l'opinion publique. D'août 1977 à juin 1978, seulement 40 p. 100 des personnes interrogées se disaient favorables à cette option alors que 50 p. 100 y étaient opposées[20]. Il décida de corriger le tir.

Ainsi, le 10 octobre 1978, il annonça que l'association économique devenait un préalable à l'indépendance. Il n'était plus question d'obtenir d'abord la souveraineté puis de négocier l'association par la suite. Ainsi, l'accession à l'indépendance ne dépendrait pas seulement de la volonté du Québec, mais du succès ou de l'échec de la négociation avec le reste du Canada[21].

En même temps qu'il diluait l'option, le gouvernement s'attela à la tâche de structurer convenablement la stratégie et l'organisation du référendum. On créa trois comités: le comité référendaire du premier ministre, le comité technique du comité référendaire du premier ministre et un comité de coordination externe[22].

Le comité référendaire du premier ministre avait pour mandat d'élaborer et de mettre en œuvre un

---

19. Graham Fraser, *op. cit.*, p. 187.
20. René Lévesque, *op. cit.*, p. 57.
21. Graham Fraser, *op. cit.*, p. 189.
22. Archives nationales du Québec, Fonds Jean-François Bertrand, *Manuel d'action politique 1978-1979*, annexe III, septembre 1978, document de 13 pages.

programme d'actions pouvant assurer le succès de la mise en marche du processus référendaire (comité du «Oui»), en consultation avec les instances et personnes concernées.

Le comité technique se devait de mener à bien la coordination du plan établi par le comité référendaire du premier ministre, et ce tant du point de vue du contenu que de ceux de l'organisation, des communications et de la liaison. Il lui fallait mettre en œuvre le plan d'action devant mener au référendum tant du côté gouvernemental que du côté partisan.

Le comité de coordination externe avait pour tâche d'assurer la liaison entre le comité référendaire et le milieu. Pour réaliser son mandat, le comité s'était donné deux structures de réalisation chargées de mener deux campagnes dans la population:

a) une campagne *poll* par *poll*, comté par comté, dont le chef d'orchestre était le directeur de l'organisation, donc l'affaire du parti;

b) une campagne usine par usine, par milieu de vie, qui était dirigée par le responsable des agents de liaison, relevant du gouvernement.

Pour chacune des régions du Québec, un responsable politique (un ministre) coordonnait le travail avec le responsable de l'organisation et le responsable de la liaison. Il devenait l'outil principal pour aller chercher des nouveaux intervenants favorables au «Oui».

Bien qu'il fût nommé ministre coordonnateur des ministres responsables des régions, Marcel Léger avait proposé au premier ministre une autre structure. Il s'agissait d'un plan de pénétration de l'électorat qui s'échelonnait sur 18 mois. Ce plan donnait à tous les militants la mission de semer dans chacun des 122 comtés l'idée de la souveraineté sous la juridiction d'une organisation structurée et permanente dont il devenait l'organisateur en chef. Mais Lévesque, qui avait en horreur l'idée d'un élu organisateur en chef, refusa net[23].

Après la déclaration de Lévesque le 10 octobre 1978, la direction du parti s'attela à la tâche de préparer un manifeste sur la souveraineté-association qui tenait compte de la nouvelle stratégie dite du «trait d'union» et exposait les bases d'une nouvelle association Québec-Canada. Ce manifeste intitulé *D'égal à égal* fut rendu public le 23 février 1979[24]. Ses propositions furent adoptées sous forme de résolutions au congrès national tenu du 1er au 3 juin 1979.

Passé ce congrès, plus rien n'empêchait le gouvernement Lévesque de déclencher son référendum, puisque les élections fédérales avaient eu lieu le 22 mai 1979, les électeurs portant au pouvoir un nouveau gouvernement minoritaire conservateur dirigé par Joe Clark.

Mais contre toute attente, Lévesque annonça le 21 juin à l'Assemblée nationale que le moment fatidique n'aurait lieu qu'au printemps 1980[25]. En réalité, la direction du gouvernement était loin d'être prête. Au cours des deux années précédentes, le gouvernement péquiste n'avait rien fait pour vendre à la population ce qui constituait l'essence même de son existence: la réalisation de la souveraineté. La logique étapiste retenue par la direction du gouvernement, ce gradualisme cher à Claude Morin, prévoyait de retarder le plus possible la tenue du référendum afin de préparer les Québécois à franchir l'étape de l'approbation for-

---

23. Marcel Léger, *Le Parti québécois: ce n'était qu'un début...*, Montréal, Éditions Québec/Amérique, 1986, p. 21.
24. Parti québécois, Conseil exécutif, *D'égal à égal. Manifeste et propositions concernant la souveraineté-association*, Montréal, février 1979, 16 p.
25. Pierre-Paul Gagné, «En octobre, Livre blanc pour définir la souveraineté-association. Le référendum au printemps 1980», *La Presse*, 22 juin 1979, p. A 1.

melle de la souveraineté. Or personne ne semblait s'en être soucié.

Doris Lussier avait pourtant suggéré dans une lettre ouverte aux militants péquistes d'utiliser au maximum le pouvoir pour faire de la propagande souverainiste, au même titre que le gouvernement fédéral, et de chauffer à blanc, subtilement mais de façon constante et massive, le nationalisme québécois[26].

René Lévesque n'était pas homme à utiliser des moyens radicaux pour réaliser son objectif fondamental. Il l'avait d'ailleurs prouvé dès la fondation du Parti québécois en faisant obstacle à des individus qui personnifiaient la ligne radicale, comme Pierre Bourgault.

Le René Lévesque de 1979 n'avait plus l'audace intellectuelle de l'homme qui avait été ministre dans le cabinet Lesage de 1960 à 1966. Son leadership sur le parti et le gouvernement s'était quelque peu émoussé. Comme le notent Pierre O'Neil et Jacques Benjamin[27], il laissait une grande latitude aux principaux ministres dans l'application des politiques et l'art de sensibiliser les citoyens aux bienfaits des nouvelles mesures. Il était plutôt rare qu'il rabroue un ministre publiquement et il prenait soin de ne pas engager outre mesure son autorité morale. De plus, son bureau était composé de membres qui n'avaient pas la même force de caractère ni ce brio intellectuel que l'on retrouvait chez eux de son ministère des Richesses naturelles en 1960 (les Michel Bélanger, Pierre-F. Côté et Éric Gourdeau qui n'hésitaient pas à le «tasser» dans le coin pour que les réformes aboutissent).

«Par tempérament, Lévesque est un homme de l'éthique de conviction de sorte que son comporte-

---

26. Archives du Parti libéral du Québec, *La stratégie du Parti québécois selon Doris Lussier*, Reproduction d'une lettre envoyée aux partisans du PQ, n.d.
27. Pierre O'Neil et Jacques Benjamin, *Les mandarins du pouvoir*, Montréal, Éditions Québec/Amérique, 1978, p. 191-215.

ment et ses décisions sont déterminés à partir d'un ensemble de principes moraux auxquels il donne son adhésion indéfectible[28]», constate Guy Laforest. Il est donc un homme de parole. S'il a décidé que son gouvernement se limitera à être un bon gouvernement, il suivra cette règle sans y déroger, même si le contexte politique aurait pu lui donner raison de ne pas le faire. Il sera donc amené à commettre des erreurs politiques importantes. C'est ce qui le différencie de Trudeau pour qui la réalisation d'objectifs précis l'emporte sur les soucis moraux.

Faisant le profil de sa carrière après sa mort, Gérard Filion soutenait qu'il avait trop tardé à déclencher le référendum. «Si Lévesque avait eu l'instinct du tueur comme Duplessis, il aurait asséné le coup de grâce au moment où le Parti libéral du Québec était en plein désarroi et sans chef[29].» Selon lui, il y avait trop de théoriciens, trop de fendeurs de cheveux en quatre dans son équipe, pour qui l'indépendance n'avait de sens que si on réévaluait toutes les hypothèses qui avaient fait l'objet de «colloques depuis que le Malin a inventé cette sorte de parlotes».

Il n'est pas étonnant dans les circonstances que le gouvernement se soit contenté pendant deux ans et demi d'être un «bon gouvernement» sans déployer d'efforts soutenus pour mobiliser l'opinion publique en faveur de la souveraineté[30]. L'étapisme du PQ recelait une contradiction qui occultait la raison même de la création de ce parti, l'accession à la souveraineté.

---

28. Guy Laforest, «Leadership et politique», *Colloque René Lévesque*, UQAM, 23 mars 1991.
29. Gérard Filion, «La carrière de René Lévesque fut-elle un échec?», *Le Devoir*, 21 novembre 1987, p. A 9.
30. Lors d'une conversation, Pierre-Marc Johnson signalait que Lévesque avait attendu jusqu'en 1979 avant d'engager du personnel pour s'occuper spécifiquement de la logistique référendaire.

Or être un gouvernement populaire ne suffit pas en soi à rallier l'opinion publique à la souveraineté. Celle-ci, on le sait, était largement satisfaite du gouvernement en raison des nombreuses réformes apportées, qu'il s'agisse de la charte de la langue française, de l'assurance-automobile, etc., mais paradoxalement elle annonçait sa désaffection pour le parti au pouvoir, le Parti québécois, lui préférant le Parti libéral de Claude Ryan[31]. Les élections partielles dans Argenteuil et Jean-Talon, le 30 avril 1979, gagnées par le PLQ, avaient démontré, par rapport aux élections générales de 1976, un net recul du vote péquiste, attribué en grande partie au manque de courage du gouvernement en ce qui concerne la promotion de son option fondamentale.

Deux militants, Robert Barberis et Pierre Drouilly, notaient que la politique conciliante et modérée adoptée par le gouvernement Lévesque était un échec total sur le plan électoral. Les concessions sur la question nationale, la mise en sourdine du programme, quand ce n'est pas sa mise au rancart tout simplement, la mise en tutelle du parti comme foyer de réflexion politique et outil de mobilisation des masses, la timidité des réformes sociales, l'inflexibilité du gouvernement face aux demandes de ses plus sûrs appuis électoraux, les concessions face aux groupes sociaux les moins acquis à l'option péquiste ou les moins progressistes, tout cela ne rapporte rien sur le plan électoral[32], écrivaient-ils.

La démission de Robert Burns, ministre de la Réforme électorale, le 17 mai 1979, et la critique féroce

31. Un sondage Decima-Sorecom réalisé pour le gouvernement Clark en décembre 1979 montrait une satisfaction de 51 p. 100 des Québécois envers le gouvernement du Québec mais seulement 29,3 p. 100 affirmaient qu'ils voteraient PQ s'il y avait une élection. Source: CIUC, *Sondage Decima-Sorecom*, décembre 1979.
32. Robert Barberis, Pierre Drouilly, *op. cit.*, p. 25 à 32.

du député Guy Bisaillon[33] venaient confirmer le mécontentement de l'aile gauche du parti.

Il fallait un vigoureux coup de barre pour redresser la situation. Lévesque procède d'abord, le 21 septembre, à un remaniement ministériel qui prévoyait le départ de Rodrigue Tremblay, ministre de l'Industrie, du Commerce et du Tourisme, et celui du ministre des Communications, Louis O'Neil. Puis il fit préparer le Livre blanc sur la souveraineté-association, intitulé *La nouvelle entente Québec-Canada*, qui fut dévoilé à l'Assemblée nationale le 1er novembre. La proposition gouvernementale ne se différenciait guère du manifeste *D'égal à égal* puisqu'elle reprenait le modèle d'association économique présenté dans celui-ci.

L'association qu'on propose dans ces deux documents reflète bien le désir d'une indépendance qui ne soit pas une rupture radicale. On y fait état des différentes formes de coopération économique tels l'union douanière, la libre circulation des capitaux et des personnes, le maintien du dollar comme seule monnaie, etc. Par contre, le Livre blanc laisse de côté les accords destinés à protéger les minorités linguistiques et les populations autochtones, accords qui avaient été prévus dans le manifeste.

De même, le Livre blanc ne mentionne aucune restriction au mouvement de la main-d'œuvre et semble proposer l'élimination des politiques d'achat préférentielles. De plus, afin d'apaiser les Américains, il confirme que le Québec entend remplir ses engagements envers la NORAD (North American Air

---

33. Graham Fraser dans *Le Parti québécois,* décrit à la p. 198 les circonstances de la démisson de Robert Burns. Quant à Guy Bisaillon, il a déposé un document intitulé *Le référendum québécois et les conditions de changement* à la Bibliothèque de la Législature où il critique (p. 35-36) les carences du gouvernement de cette période.

Defence), mais sans augmenter les ressources humaines déjà affectées à la défense[34].

Sur le front électoral, le Parti québécois perdit les trois élections partielles de Beauce-Sud, de Prévost et de Maisonneuve le 13 novembre 1979. Les militants les plus critiques du parti attribuèrent ces défaites à la stratégie gouvernementale qui tentait d'attirer le vote conservateur ou modéré par un discours reproduisant les valeurs de la société libérale, donc fondamentalement inégalitaires[35]. En fait, la direction du gouvernement s'était mise à dos un grand nombre de militants du parti dans les comtés de Prévost et de Maisonneuve en tentant d'imposer ses choix de candidats[36].

Durant la même période, les activités au sein du parti étaient centrées sur le lancement des comités du «Oui» et sur le recrutement d'«influenceurs», c'est-à-dire des personnes qui possédaient dans leur milieu un certain rayonnement susceptible d'attirer des sympathisants à la souveraineté-association[37]. Afin de «dépéquiser» le projet de souveraineté-association, un organisme non partisan, la Fondation des Québécois pour le Oui, fut mis sur pied le 12 octobre 1979.

Présidée par Fernand Paré, directeur général de la Solidarité, compagnie d'assurances sur la vie, la Fondation s'était donné comme but de «promouvoir

34. Québec, ministère du Conseil exécutif, gouvernement du Québec, *La nouvelle entente Québec-Canada, proposition du gouvernement du Québec pour une entente d'égal à égal: la souveraineté-association*, Québec, Éditeur officiel, automne 1979, p. 104-105.
35. Robert Barberis, Pierre Drouilly, *op. cit.*, p. 94-95.
36. La direction du PQ avait imposé, dans Prévost, Pierre Harvey, responsable du programme au PQ, et avait écarté à l'avance la candidature de Pierre Bourgault. Dans Maisonneuve, elle avait misé sur Jacques Desmarais, ex-chef de cabinet de Lise Payette, contre Michel Bourdon, syndicaliste.
37. Archives nationales du Québec, Fonds Jean-François Bertrand, *Procès-verbal de la réunion du Comité du «Oui» régional*, 27 août 1979, 8 p. *Réunion des responsables de la création des comités du «Oui»*, Procès-verbal du 2 octobre 1979, 2 p.

tout projet national québécois qui privilégie les intérêts de la société québécoise dans les domaines politique, économique, social et culturel». Elle lança aussi une campagne de financement dont l'objectif était de recueillir 800 000 $[38].

Par ailleurs, au cours de l'automne fut entreprise la phase finale des négociations dans les secteurs public et parapublic. Pressé d'en finir afin d'avoir le champ libre, le gouvernement déballa maladroitement toute une série de concessions à caractère normatif avant même de commencer les discussions d'ordre monétaire. Pensant que le gouvernement n'avait pas vidé tout son sac, les stratèges syndicaux recommandèrent de déclencher des grèves sectorielles malgré l'adoption de lois spéciales l'interdisant.

Ces mesures de pression permirent aux syndiqués d'obtenir des augmentations de salaire en moyenne supérieures à l'inflation pour les années 1979-1982[39]. Plusieurs commentateurs politiques diront par la suite que le PQ paya ainsi sa dette politique à ses plus fervents supporteurs.

Sur le front fédéral

Mais c'est sur la scène fédérale que le gouvernement Lévesque allait commettre sa plus grosse bourde. La chute du gouvernement libéral, le 22 mai 1979, éliminait en la personne de Trudeau un dangereux rival qui divisait la loyauté des Québécois.

---

38. La Fondation avait déjà recueilli 822 000 $ à la mi-février 1980. Voir «Refus de la Banque Nationale de contribuer au fonds Pro-Québec», *Le Soleil*, 12 février 1980, p. 2.

39. François Demers, *Chroniques impertinentes du 3e front commun syndical*, Montréal, Nouvelle Optique, 1982, p. 131-143.

L'arrivée au pouvoir de Joe Clark laissait au Parti québécois un vaste champ de manœuvre puisque le nouveau premier ministre canadien avait laissé entendre que son gouvernement minoritaire ne s'impliquerait pas dans la campagne référendaire. Mais pour gouverner sans heurts, Clark devait obtenir l'appui des cinq députés du Crédit social, dirigés par Fabien Roy. Lévesque avait d'ailleurs donné un coup de pouce à Fabien Roy lors de la campagne électorale fédérale en exprimant publiquement son admiration au chef créditiste et le PQ avait aidé en sous-main les candidats du Crédit social[40]. Cela lui assurait ainsi un allié à Ottawa.

Toutefois, au cours de cette période, le gouvernement Lévesque ne se soucia guère des événements qui se déroulaient sur la scène fédérale bien que sa stratégie référendaire ait reposé sur la présence au gouvernement fédéral de Joe Clark[41]. Et quand celui-ci éprouva des difficultés lors de la présentation de son budget en décembre, aucun lien organique ne fut mis en place pour s'assurer que les créditistes, qui détenaient la balance du pouvoir avec cinq députés, appuieraient le gouvernement minoritaire disposant de 136 sièges. Or le vote combiné des conservateurs et des créditistes aurait assuré une pluralité de voix aux Communes.

D'après Daniel Latouche, conseiller de Lévesque à l'époque, c'est le bureau du ministre des Affaires intergouvernementales, dirigé par Claude Morin, qui devait assurer cette liaison avec les créditistes. Pourtant celui-ci affirme aujourd'hui que jamais cette responsabilité ne lui a été confiée[42].

---

40. Dans une entrevue accordée le 3 avril 1990 à l'auteur, Fabien Roy l'a confirmé.
41. C'est ce que Daniel Latouche, conseiller politique de Lévesque, déclara lors d'un colloque organisé par le University Consortium for Research on North America de l'Université Harvard, le 21 mai 1980.
42. Dans une lettre à l'auteur datée du 26 janvier 1990, Claude Morin a apporté cette précision.

Quand le gouvernement conservateur dut faire face à un vote de non-confiance sur son budget, le 13 décembre 1979, personne au sein du gouvernement Lévesque (Morin se trouvait au Togo dans le cadre de la réunion bisannuelle des pays francophones) ne recommanda aux troupes de Fabien Roy de l'appuyer, ce qui aurait eu un effet psychologique certain sur les événements.

Le caucus créditiste, devant le refus gouvernemental de négocier des assouplissements, prit plutôt position en faveur de l'abstention en raison des mesures régressives prévues par le budget, qui auraient pu plonger l'économie en pleine récession[43].

La défaite des conservateurs à la Chambre des communes précipita le Canada en pleine campagne électorale et élimina en quelque sorte l'un des éléments stratégiques qui devait mener le Parti québécois vers la victoire référendaire.

Cette défaite démontra, hors de tout doute, que sur le plan stratégique le gouvernement Lévesque manquait de gouvernail en ne faisant pas la différence entre l'important et l'accessoire, puisqu'il semblait privilégier les relations internationales au détriment de la scène canadienne.

De plus, en décidant de maintenir l'échéance du dévoilement de la question référendaire au 20 décembre 1979, le gouvernement Lévesque reniait un engagement pris en 1978[44], à savoir qu'il ne saurait y avoir des élections fédérales en même temps que la campagne référendaire. Or le dévoilement de la question ouvrait la campagne référendaire en même temps que débutait la campagne électorale fédérale.

---

43. Claude-V. Marsolais, «La chute de Clark annonça la défaite référendaire», *La Presse*, Montréal, 12 mai 1990, p. B 1.
44. Graham Fraser, *op. cit.*, p. 187.

La Question

C'est lors de la réunion du cabinet du 19 décembre 1979 que les ministres du gouvernement Lévesque se mirent à discuter de la question référendaire. Tout le monde se mit à l'œuvre, chacun avec son crayon et son papier, suggérant des modifications aux ébauches préparées par Claude Morin, Louis Bernard et Daniel Latouche.

Lise Payette qui était ministre d'État à la condition féminine n'en croyait pas ses yeux et ses oreilles. «On nous manipule, on se moque de nous. Ou bien la question est déjà écrite et alors on n'a qu'à la déposer devant nous. Ou bien c'est vrai qu'elle n'est pas écrite et nous avons l'air d'une bande d'amateurs en train d'écrire l'Histoire du Québec[45]», écrira-t-elle plus tard au sujet de cette séance improvisée et chaotique.

Les ministres avaient fait consensus pour rejeter une loi sur la «souveraineté-association» qui, une fois adoptée à l'Assemblée nationale, aurait été ratifiée par la suite par les Québécois lors du référendum. On craignait des palabres à n'en plus finir avec l'opposition libérale avec un tel projet de loi. On se rabattit donc sur la question.

La séance dura un bon six heures, chacun des participants y mettant son grain de sel. Lévesque qui présidait la réunion écrit:

> ...un mot de trop selon celui-ci, une expression qui cloche selon celui-là. On soustrait, on additionne. Surgissent des doutes qu'on n'avait pas prévus. Ainsi, pourquoi demander un mandat de négociation plutôt que celui de procéder *ipso facto?* Quant à l'idée d'un second référendum, elle faisait littéralement bouillir Jacques Parizeau, pour qui même le

---

45. Lise Payette, *Le Pouvoir? Connais-pas!*, Montréal, Éditions Québec / Amérique, 1982, p. 77.

premier n'était pas facile à avaler! La tension devenant excessive, j'ajournai pour une heure. À minuit, on parvenait à dégager un consensus à peu près solide. Jusqu'aux petites heures, quelques juristes eurent ensuite à peser le tout dans les délicats plateaux de la légalité[46]...

Au début de l'après-midi du 20 décembre, Lévesque présenta la question au caucus des députés péquistes avant qu'elle ne soit dévoilée à l'Assemblée nationale. Elle était libellée ainsi:

Le Gouvernement du Québec a fait connaître sa proposition d'en arriver, avec le reste du Canada, à une nouvelle entente fondée sur le principe de l'égalité des peuples; cette entente permettrait au Québec d'acquérir le pouvoir exclusif de faire ses lois, de percevoir ses impôts et d'établir ses relations extérieures, ce qui est la souveraineté et, en même temps, de maintenir avec le Canada une association économique comportant l'utilisation de la même monnaie; tout changement de statut politique résultant de ces négociations sera soumis à la population par référendum.
En conséquence, accordez-vous au gouvernement du Québec le mandat de négocier l'entente proposée entre le Québec et le Canada[47]?

Claude Morin dira plus tard que la question référendaire telle que formulée était celle qui pouvait récolter le plus de oui, tout en demeurant fidèle à l'orientation du Parti québécois[48]. Il rejeta les critiques

46. René Lévesque, *Attendez que je me rappelle...*, Montréal, Éditions Québec/Amérique, 1988, p. 404.
47. Assemblée nationale du Québec, *Journal des débats*, Déclaration ministérielle, René Lévesque, 20 décembre 1979, p. 4808.
48. Claude Morin, «La question référendaire», dans *Le Québec 1967-1987: du général de Gaulle au lac Meech*, Marcel Dubé et Yves Michaud dir., Montréal, Guérin Littérature, 1987, p. 120.

émanant du parti voulant que la question n'ait pas été très courageuse en expliquant que tous les sondages internes du parti démontraient qu'une question «dure» sur l'indépendance n'aurait recueilli que de 15 à 25 p. 100 d'appuis dans la population. Quant aux accusations portées par les adversaires du projet selon lesquelles la question était malhonnête et confuse, il soutint que l'expérience de nombreux pays démontrait à l'évidence que, lors de ce genre de consultation, les questions étaient fréquemment très longues et très complexes. «Les questions brèves et percutantes, on les retrouve curieusement surtout dans les régimes autoritaires (ex. Chili ou Iran) où le résultat positif est d'avance acquis, pour des raisons faciles à imaginer[49].»

Le premier sondage d'opinion publique sur le libellé de la question référendaire, effectué par la maison IQOP et publié le 24 décembre, révéla que le camp du «Non» était en avance avec 47,2 p. 100 contre 36,5 p. 100 pour le camp du «Oui»[50].

Bref, le gouvernement aura fait la preuve pendant trois ans, du 15 novembre 1976 à la fin de l'année 1979, qu'il avait su être un si «bon gouvernement» qu'aux yeux d'une forte proportion de Québécois la souveraineté semblait moins une nécessité urgente.

Comme le signale Gérard Bergeron, la stratégie étapiste, au lieu de pousser le gouvernement vers les grandes manœuvres constitutionnelles, le cantonna dans l'administration au jour le jour et le força à marchander constamment la confiance populaire sur toutes espèces de questions, à part celle de son grand objectif qui restait la raison d'être proclamée de son parti[51].

---

49. *Ibid.*, p. 120.
50. «La question référendaire. Évolution des intentions de vote à travers les sondages», *Le Soleil*, 21 mai 1980, p. A 9.
51. Gérard Bergeron, *À nous autres, aide-mémoire politique par le temps qui court*, Montréal, Éditions Québec/Amérique, 1986, p. 65.

Certes, on peut comprendre cette prudence du fait que la prise du pouvoir par le PQ avait créé tout un choc au Canada anglais, et particulièrement au sein de la communauté anglophone du Québec, si bien qu'il s'ensuivit le déménagement de nombreux sièges sociaux, dont celui de la Sun Life, vers l'Ontario. Mais une fois ce choc passé, au bout d'un an et demi, comment expliquer cette torpeur de la direction gouvernementale, qui ne cessait de multiplier les étapes sur la question nationale et d'ignorer ses militants de la base, si ce n'est par une espèce de délectation du pouvoir. Son indolence et sa lenteur à agir devaient d'ailleurs lui attirer des critiques sévères sur son manque de courage, critiques servies par les membres mêmes du parti et par l'extérieur.

Il faut reconnaître que le comportement feutré du gouvernement Lévesque, dans ses relations avec le Canada anglais, a permis de tempérer quelque peu l'attitude belliqueuse du gouvernement Trudeau. Toutefois, avec l'arrivée au pouvoir du gouvernement minoritaire de Joe Clark en 1979, le gouvernement péquiste a fait montre d'une grande insouciance quant aux événements qui se déroulaient à Ottawa[52]. Ce désintérêt devait se révéler lourd de conséquences puisque le PQ, au moment du référendum, aura à affronter ses plus grands ennemis: le Parti libéral du Canada et son chef Pierre Elliott Trudeau.

52. Daniel Latouche, «Québec 1980-1985: Les années du grand dérangement», dans *Le Québec 1967-1987: du général de Gaulle au lac Meech, op. cit.*, p. 128, note que la stratégie n'était pas le fort de ce gouvernement puisque dans les mois qui ont précédé le référendum, le Conseil des ministres ou le premier ministre n'ont jamais songé à un plan d'action pour les lendemains d'une victoire éventuelle ni à une stratégie de repli dans le cas d'une défaite.

CHAPITRE II

L'offensive des forces fédéralistes de 1976 à 1979

Le gouvernement fédéral de Pierre Elliott Trudeau a vite réagi à la menace sécessionniste du Québec en mettant sur pied un groupe de travail dont le rôle était d'examiner les implications du projet référendaire du Parti québécois. Par la suite, il créera un organisme public, le Centre d'information sur l'unité canadienne, dont le but était d'orchestrer la publicité et la propagande du gouvernement central à l'intention du Québec.

Normalement, ce rôle d'opposition aurait dû échoir au Parti libéral du Québec, en tant que premier parti d'opposition à l'Assemblée nationale. Mais ce parti venait d'être mis K.O. par sa défaite retentissante de novembre 1976 qui avait fait passer le nombre de ses députés de 96 à 27. De plus, son chef Robert Bourassa, qui avait été défait dans le comté de Mercier qui passait aux mains de Gérald Godin, annonça qu'il démissionnait de son poste, laissant la petite députation et les membres complètement désorientés.

Il faudra attendre l'élection, en 1978, du nouveau chef Claude Ryan avant que le parti ne se ressaisisse et qu'il passe à la contre-offensive. Par la suite, le Parti libéral du Québec fortifia ses positions comme maître-d'œuvre de l'opposition au projet de souveraineté-association du Parti québécois au point de s'assurer un rôle dominant, surtout après la défaite du gouvernement Trudeau, en mai 1979.

L'action du gouvernement fédéral

Immédiatement après l'arrivée au pouvoir du Parti québécois, le premier geste du gouvernement fédéral fut de constituer un groupe de travail agissant comme plaque tournante des idées se rapportant au référendum et à la négociation constitutionnelle qui devait suivre.

Ce comité, composé de hauts fonctionnaires et de conseillers (Michael Pitfield, Jim Coutts, Paul Tellier, De Montigny Marchand, Bob Rabinovitch, Georges Anderson et Claude Lemelin) ainsi que de deux ou trois sous-ministres, se réunissait tous les jeudis pour discuter des événements de la semaine et scruter les sondages d'opinion que l'on commandait au Québec[1]. Avec le temps, on en vint à constituer une série de petits groupes dont les membres consacraient tout leur temps et toute leur énergie aux questions de l'unité nationale et de la stratégie fédérale.

Au printemps 1977, on pouvait compter pas moins de six unités administratives œuvrant à la défense du fédéralisme: trois groupes constitués au sein du Bureau des relations fédérales-provinciales; le comité Lalonde qui regroupait des ministres et des députés élus; le comité interne sur l'unité nationale du ministère des Finances et le Bureau du commissaire aux langues officielles[2].

1. Graham Fraser, *Le Parti québécois*, Montréal, Libre Expression, 1984, p. 148.
2. Achives nationales du Canada (ANC), Ottawa, Fonds du Comité d'information sur l'unité nationale (CIUC), «Note à l'honorable Jean-Luc Pépin de Paul M. Tellier», 1977.

Le groupe le plus important du Bureau des relations fédérales-provinciales, du moins sur le plan de la visibilité, était le groupe de coordination, dirigé par Paul Tellier et qui comptait six membres incluant ce dernier. Son mandat était le suivant[3]:

a) réfléchir sur tous les aspects du débat sur l'unité nationale;

b) conseiller le premier ministre et les autres ministres quant à l'élaboration et à la mise en œuvre d'une stratégie à court et à long terme visant à maintenir et à promouvoir l'unité nationale;

c) voir à ce que soient disponibles tous les renseignements nécessaires à la prise de décisions et à l'information des citoyens en toute matière touchant l'unité nationale;

d) digérer et analyser toute information importante pertinente à l'objectif d'unité nationale et, au besoin, la porter à l'attention du premier ministre.

Mis sur pied en février 1977, le groupe fut amené très rapidement à laisser de côté son rôle bureaucratique pour axer son action sur la dimension stratégique et politique. «Il fallait développer une stratégie. Il fallait anticiper, prévoir, suivre de près les éléments et les jalons importants du Parti québécois dans son programme et son évolution[4]», souligne Paul Tellier.

En même temps, le groupe faisait préparer des études pour démontrer que le fédéralisme avait profité au Québec ou pour évaluer les coûts de la séparation. Ainsi, faisant le bilan de ses quatre premiers mois d'activité à la fin de juin 1977[5], Paul Tellier notait

---

3. ANC, Ottawa, Fonds du CIUC, «Unité nationale: Qui fait quoi au gouvernement fédéral», Groupe de coordination, 1977, p. 2.
4. Entrevue avec Paul Tellier, le 18 juillet 1991.
5. Lise Bissonnette, «Paul Tellier: Le temps est mûr pour une vaste consultation publique. Le fédéral opposera à l'indépendance des solutions nouvelles et précises», Le Devoir, 27 juin 1977, p. 1.

que son groupe avait préparé la première position fédérale sur la Charte québécoise de la langue française et le projet de loi numéro 1; qu'il avait conseillé le ministre fédéral de l'Immigration au moment de la négociation de l'entente Cullen-Couture; qu'il avait rédigé la réponse du ministère de l'Industrie et du Commerce à la publication des comptes économiques du Québec; qu'il avait été consulté à propos des fêtes du Canada et qu'il se penchait sur tous les scénarios pour la tenue du référendum.

Le groupe faisait de l'action préventive. On ne voulait pas laisser le Parti québécois libre de mener la campagne référendaire à sa guise, sur une question qu'il aurait lui-même formulée, selon les règles qu'il aurait lui-même établies et à un moment et sur un terrain qu'il aurait choisi lui-même.

Après quelques mois de travail et après un examen fouillé des sondages, le groupe Tellier en vint à la conclusion que l'opinion publique au Québec demeurait stable malgré la victoire de René Lévesque. Tous les électeurs péquistes se rangeaient du côté du «Oui» et tous les non-péquistes s'alignaient sur le «Non». On en vint à la conclusion qu'il était prématuré de déclencher des élections fédérales et qu'il fallait laisser le Parti québécois jouer le premier[6].

Le deuxième groupe du Bureau des relations fédérales-provinciales (BRFP), le comité de la révision constitutionnelle, dirigé par Donald S. Thorson, avait pour tâche d'analyser des propositions constitutionnelles législatives et administratives susceptibles d'améliorer les rapports entre le gouvernement fédéral et toutes les provinces, avec un accent particulier sur le Québec. Il était composé de hauts fonctionnaires du Bureau des relations fédérales-provin-

6. Graham Fraser, *op. cit.*, p. 149.

ciales (dont Paul Tellier), des Finances, de la Justice et du Conseil privé[7].

Enfin, le troisième groupe du BRFP, dit d'évaluation et d'analyse, dirigé par Brian Marley-Clarke, avait pour fonction d'analyser et d'évaluer la performance du gouvernement fédéral dans ses relations avec la «province de Québec et son peuple[8]». Ce comité était notamment chargé d'étudier l'épineux problème des chevauchements administratifs entre le gouvernement fédéral et les gouvernements des provinces.

De son côté, le comité Lalonde, du nom de son titulaire Marc Lalonde, avait une tâche éminemment politique: celle de surveiller et de discuter les relations entre le Québec et Ottawa. Y siégeaient John Roberts, secrétaire d'État, Monique Bégin, ministre du Revenu, Pierre de Bané, député de Matane, John Reid, député de Kenora-Rainy River, et Jacques Olivier, député de Longueuil[9].

Quant au comité interne sur l'unité canadienne du ministère des Finances, il comptait huit membres (des hauts fonctionnaires du ministère) et fut dirigé un temps par Mickey Cohen et, par la suite, par Ed Neufeld. Son rôle consistait à coordonner les travaux de nature économique et financière demandés par les divers groupes impliqués dans la lutte pour l'unité nationale[10].

Bientôt vint se greffer à tous ces groupes un organisme, le Centre d'information sur l'unité canadienne (CIUC), créé le 4 août 1977 et dirigé par un membre du groupe Tellier, Pierre Lefebvre. L'organisme doté d'un budget d'un million de dollars à ses débuts fut

---

7. ANC, Ottawa, Fonds du CIUC, «Unité nationale: Qui fait quoi au gouvernement fédéral?», *op. cit.*, p. 3.
8. *Ibid.*, p. 4.
9. ANC, Ottawa, Fonds du CIUC, «Unité nationale: Qui fait quoi au gouvernement fédéral», *op. cit.*, p. 4.
10. *Ibid.*, p. 5.

assimilé à un bureau de propagande en raison des commentaires de Trudeau justifiant sa création.

Celui-ci déclara à la Chambre des communes, le 25 juillet 1977, que le centre avait été établi afin de contrecarrer la propagande subversive du gouvernement québécois qui avait mis sur pied une quinzaine de bureaux régionaux afin de transmettre de l'information favorisant le séparatisme[11].

De par sa structure, le CIUC fonctionnait comme une agence centrale au sein du gouvernement fédéral. Bien que relevant officiellement du Secrétariat d'État, puis du ministère de la Justice, il avait des liens étroits avec le ministre d'État au multiculturalisme, avec le comité des communications du conseil des ministres, celui du bureau du Conseil privé et celui du bureau du premier ministre[12]. Mais en réalité, le véritable *boss* de l'organisme était Paul Tellier qui représentait en quelque sorte le point de convergence de tout ce qui avait un rapport avec l'unité nationale.

D'autre part, Trudeau annonça en juillet 1977 la création d'un groupe de travail sur l'unité nationale, dirigé par Jean-Luc Pépin et John Robarts. Les relations se dégradèrent rapidement entre le groupe et le bureau du premier ministre après que le directeur exécutif du groupe, Reed Scowen, eut déclaré que les propositions constitutionnelles de la Commission se rapprochaient davantage de la souveraineté association que du *statu quo*[13].

Comme on peut le constater, le gouvernement fédéral répondit de façon ponctuelle à la menace

---

11. *Débats de la Chambre des communes*, 25 juillet 1977. Cette explication est reproduite presque telle quelle pour justifier la création du Centre, dans le procès-verbal du Conseil du Trésor, lors de sa réunion du 4 août 1977.
12. Hanna Pilar, *The Canadian Unity Information Office and You*, Bibliothèque du Parlement, janvier 1981, p. 4.
13. Graham Fraser, *op. cit.*, p. 151.

séparatiste venant du gouvernement Lévesque. Cette vigilance lui permit de marquer des points, notamment auprès du président américain[14] Jimmy Carter et devant le Congrès américain en février 1977, lorsque Trudeau déclara que la «séparation du Québec serait un crime contre l'humanité».

Après l'accueil glacial obtenu par René Lévesque devant le Economic Club de New York, le 21 janvier, Trudeau pouvait se flatter d'avoir plusieurs bonnes cartes en main et de maîtriser la joute avec un art consommé.

Durant la première année du mandat du gouvernement péquiste, le gouvernement fédéral parvint seul à endiguer les positions souverainistes à son niveau du 15 novembre[15] et à tisser tout un réseau de sympathies envers l'unité nationale en facilitant la création de divers groupes de pression à cette fin.

Deux années d'attente

L'année 1978 en fut une d'expectative et d'initiative pour le gouvernement Trudeau. Sa principale préoccupation, on le sait, consistait à examiner constamment les sondages d'opinion et à prévoir la stratégie de l'adversaire, bref à échafauder d'hypothétiques questions référendaires en tenant compte de l'état de l'opinion publique, à prendre des initiatives également, en présentant diverses propositions susceptibles de renouveler la constitution canadienne.

---

14. Jean-François Lisée, *Dans l'œil de l'aigle*, Montréal, Boréal, 1990, p. 263-265.
15. Michael D. Ornstein, H. Michael Stevenson, «Elite and Public Opinion before the Quebec Referendum: A Commentary on the State in Canada», *Revue canadienne de science politique*, vol. XIV, n° 4, déc. 1981, p. 745-774. Les auteurs situent entre 30 et 50 p. cent l'appui de la population francophone du Québec à une certaine forme de souveraineté, selon un sondage réalisé entre mai et juillet 1977.

En février 1978, l'un des spécialistes en sondages attitrés du Centre d'information sur l'unité canadienne, Maurice Pinard, estimait à 25 p. 100 le nombre d'électeurs québécois susceptibles de vaciller dans le camp soit du fédéralisme renouvelé, soit de la «souveraineté association». À son avis, la «propagande» pourrait constituer un élément nécessaire pour renforcer la position des groupes déjà plus fortement acquis aux différentes options[16].

En ce qui concerne l'option du fédéralisme renouvelé, il estimait que, si elle n'était pas présentée comme assez vraisemblable, certains électeurs pourraient être tentés de glisser vers la souveraineté-association. Selon lui, une façon de faire serait que les chefs politiques fédéralistes tant du provincial que du fédéral se mettent d'accord pour cibler un ensemble de propositions portant sur le fédéralisme renouvelé qui pourraient faire l'objet de négociations sérieuses et positives.

L'option du fédéralisme renouvelé était tellement populaire dans les sondages (entre autres celui réalisé par Radio-Canada entre le 24 mai et 12 juin 1978 qui lui accordait 44 p. 100 de la faveur populaire contre 21 p. 100 à la souveraineté association) que l'on croyait à Ottawa que René Lévesque allait en faire son cheval de bataille référendaire.

Dans une note au premier ministre, un stratège du Comité d'information sur l'unité canadienne, André Burelle, écrit:

[...] sans avoir les talents de Machiavel ou de Claude Morin, voici comment je formulerais la question si j'étais dans le camp souverainiste: «Donnez-vous, oui ou non, au gouvernement du

---

16. ANC, Ottawa, Fonds du CIUC, «Note à l'honorable Marc Lalonde», 16 mars 1978, document de 7 pages.

Québec, le mandat de négocier avec le reste du Canada un nouveau pacte confédératif, basé sur une égalité de statut entre les deux nations qui forment le Canada[17]?»

L'auteur qui écrivait régulièrement les discours de Trudeau notait que cette formulation comportait de multiples pièges pour les fédéralistes et de multiples avantages pour les péquistes, en ce sens qu'elle pouvait signifier une «association entre deux nations souveraines ou deux États-nations ou encore une nouvelle fédération entre partenaires égaux». Claude Ryan, Rodrigue Biron et les conservateurs de Joe Clark ne pourraient s'opposer à pareille formulation vague à souhait et ambiguë, notait-il.

Malgré cette obsession d'analyser les sondages, le gouvernement fédéral ne resta pas coi. C'est ainsi que le 12 juin, Trudeau déposa à la Chambre des communes un livre blanc intitulé *Le temps d'agir*[18] qui proposait un renouvellement des structures politiques et du fonctionnement de la fédération canadienne. Ce livre blanc était accompagné d'un projet de loi, le *bill* C-60, qui reprenait en détail les propositions.

En vertu de cet énoncé, le gouvernement fédéral proposait l'adoption d'une Charte des droits et libertés, une Chambre de la Fédération destinée à remplacer le Sénat, une Cour suprême avec au moins quatre juges sur onze venant du Québec, une redéfinition du rôle du gouverneur général, du premier ministre et du Cabinet, etc. En ce qui concerne le Sénat, la Cour suprême, la Charte des droits et le rapatriement de la constitution, Trudeau était disposé à agir seul si aucune entente n'était intervenue avant le 1er juillet 1979.

17. ANC, Ottawa, Fonds du CIUC, «Note au premier ministre d'André Burelle», 27 juin 1978, document de 3 pages.
18. Pierre Elliott Trudeau, Gouvernement du Canada, *Le temps d'agir*, Ottawa, juin 1978, 14 p.

Cette proposition de renouvellement de la constitution canadienne fut accueillie plutôt froidement par le gouvernement Lévesque et de façon mitigée par le chef du Parti libéral du Québec, Claude Ryan, qui y voyait une tendance inacceptable du gouvernement fédéral vers l'unilatéralisme décisionnel en matière constitutionnelle[19], notamment en ce qui concerne le Sénat, la Cour suprême et la Charte des droits.

Quoique bien disposé envers les provinces à qui il concédait plusieurs pouvoirs («J'ai vidé presque tout mon sac[20]», disait-il), Trudeau ne réussit pas à les convaincre d'accepter ses propositions au cours des deux conférences des premiers ministres qui se tinrent à la fin d'octobre 1978 et en février 1979. L'impopularité grandissante de son parti et la perspective d'obtenir plus avec un nouveau gouvernement conservateur motivèrent le refus de plusieurs chefs provinciaux.

Il ne lui restait plus qu'à déclencher des élections et à les perdre. C'est ce qui se produisit le 22 mai 1979 alors que Joe Clark forma un gouvernement conservateur minoritaire avec 135 sièges contre 113 libéraux, 27 néo-démocrates et 6 créditistes[21].

La réorganisation du Parti libéral du Québec

Désemparé par l'écrasante défaite du 15 novembre 1976 et privé de chef à la suite de la démission de Robert Bourassa, le Parti libéral du Québec, dirigé temporairement par Gérard-D. Lévesque, naviguait à vue durant un an. Il ne sembla réaliser l'importance

---

19. Claude Ryan, Parti libéral du Québec, *Le livre blanc fédéral sur la constitution*, Communiqué de presse, Trois-Rivières, 14 juin 1978, document de 8 pages.
20. Richard Gwyn, *Le Prince*, Montréal, France-Amérique, 1981, p. 322.
21. Le député créditiste de Lotbinière, Richard Janelle, devait joindre les rangs du Parti conservateur en octobre.

de l'enjeu que le 29 octobre 1977 lorsqu'il mit sur pied une Commission du référendum, présidée par l'ex-premier ministre Jean Lesage[22]. Heureusement pour les libéraux provinciaux, la direction du Parti québécois n'avait pas assimilé les enseignements de Machiavel et ne profita pas de l'avantage qu'il détenait pour précipiter la tenue du référendum.

La Commission Lesage commença son travail au mois de décembre 1977 en définissant ses objectifs et en procédant à la formation de comités spéciaux pour la mise en œuvre de cette opération.

Sur le plan pratique, elle fit nommer par les associations de comté un responsable du référendum, approuva un plan de communications et publia une première plaquette sur le projet de loi concernant les consultations populaires.

Mais la tenue du congrès à la direction du parti perturba quelque peu ses activités et elle ne se réunit à nouveau que le 11 mars 1978. À cette occasion, le nouveau chef Claude Ryan décida que la Commission du référendum jouerait dorénavant un rôle de coordination et de surveillance, et serait intégrée aux structures du parti. Elle devenait tout au plus «la conscience et l'œil critique du Parti[23]».

Alors qu'Ottawa prenait des initiatives sur le plan constitutionnel, le Parti libéral du Québec faisait de nouveau le ménage dans ses préparatifs référendaires. La Commission du référendum, dont le rôle avait été modifié, était condamnée à disparaître (ce qui arriva en janvier 1979) et on lui substitua dès le 7 juillet 1978 un comité du référendum sous l'autorité de la commission d'animation et d'organisation du parti. Ce comité présenta un pre-

---

22. APQ, Montréal, «La commission du référendum du Parti libéral du Québec», Claude Desrosiers, secrétaire, n.d., document de 3 pages.
23. *Ibid.*, p. 2.

mier rapport[24] en août 1978, où il disséquait le sondage de Radio-Canada dont nous avons fait état plus haut. Il conclut que le groupe des pro-fédéralistes (61 p. 100) était majoritaire et qu'en conséquence, il était plus important et plus rentable de maintenir et d'augmenter la ferveur des fédéralistes plutôt que de convertir les séparatistes.

D'autre part, le Parti libéral du Québec publia le 15 février 1979 un document de réflexion, *Choisir le Québec et le Canada*[25], qui se voulait un engagement ferme envers le fédéralisme et qui marquait le début de la campagne préréférendaire du parti. Le manuscrit constituait le premier volet de la démarche du parti vers la préparation de propositions constitutionnelles qui seront dévoilées en janvier 1980.

La victoire libérale lors des élections partielles dans les comtés d'Argenteuil (où le chef Claude Ryan se présentait) et de Jean-Talon, le 5 mai 1979, fortifia l'ardeur des forces fédéralistes qui y virent le commencement de la polarisation préréférendaire. De plus, l'élection du gouvernement Clark à Ottawa le 22 mai permit au PLQ d'assurer enfin son leadership dans l'organisation référendaire des forces fédéralistes puisque le Parti conservateur n'avait fait élire que deux députés au Québec.

Le groupe Tellier à Ottawa notait que la victoire libérale dans Jean-Talon risquait de faire changer le cap de la campagne préréférendaire, car elle démontrait que les multiples concessions électoralistes du gouvernement Lévesque à des secteurs traditionnellement hostiles au PQ avaient été inefficaces et qu'au surplus, elles avaient pu contribuer à une certaine

24. Archives du Parti libéral du Québec, Montréal, Commission d'animation et d'organisation, «Premier Rapport. Comité du référendum», août 1978, document de 23 pages.
25. Parti libéral du Québec, *Choisir le Québec et le Canada*, Montréal, 15 février 1979, 110 p.

démobilisation dans une partie importante de la clientèle péquiste.

Déjà le groupe Tellier prévoyait que le gouvernement péquiste serait porté à faire des concessions dans les négociations avec les secteurs public et parapublic afin de consolider ses positions auprès des syndiqués[26].

C'est au cours de l'été 1979 que Claude Ryan prit un virage stratégique qui devait se révéler mortel pour son leadership quelques années plus tard.

En effet, lors du congrès des jeunes libéraux à Drummondville, du 17 au 19 août, il déclara qu'après une rencontre quelques jours auparavant avec le chef du Parti libéral du Canada, Pierre Elliott Trudeau, il avait décidé de dissocier la position constitutionnelle de son parti, en voie d'élaboration, du manifeste référendaire des forces fédéralistes.

Il ajouta que les orientations constitutionnelles du Parti libéral du Québec ne feraient l'objet d'un enjeu qu'au prochain *round* électoral[27].

Il dut se défendre par la suite des accusations voulant qu'il soit devenu un défenseur du *statu quo* et il promit que la position commune des forces fédéralistes devrait contenir au moins les principes directeurs d'un renouvellement du fédéralisme canadien.

En fait, ce ne fut pas le cas, et la stratégie libérale consista à démontrer que le PQ ne visait que l'indépendance sous le couvert de la souveraineté-association. C'est ainsi qu'au moment où Trudeau mit en jeu les sièges des 74 libéraux québécois siégeant aux Communes, lors de la campagne référendaire du printemps 1980, et qu'il promit de renouveler le fédéra-

26. ANC, Ottawa, Fonds du CIUC, «L'incidence référendaire des élections partielles du 30 avril 1979», Note de Luc Bastien à Paul Tellier, 14 mai 1979, document de 6 pages.
27. Françoise Coulombe, «Le débat référendaire au Québec», Bulletin d'actualité, Bibliothèque du Parlement, Ottawa, 16 octobre 1979, p. 6.

lisme, personne ne savait exactement en quoi consistait ce renouveau.

Cette ambiguïté permettra à Trudeau de l'interpréter à sa façon en faisant adopter plus tard son propre projet de constitution et en entreprenant une réforme qui diminuait les compétences législatives du Québec[28]. Nous verrons plus loin lorsque nous aborderons le chapitre sur la campagne référendaire à quelle occasion Trudeau fit cette promesse.

En cautionnant cette stratégie du silence, Claude Ryan, dont l'objectif avait toujours été de redéfinir un nouveau partage des pouvoirs entre le gouvernement fédéral et les provinces avant de rapatrier la constitution de Londres, permit, après le référendum, au pouvoir central renforcé depuis les élections fédérales du 18 février 1980 de faire fi de toutes les revendications traditionnelles du Québec depuis les années 60 et de diviser les troupes au sein même de la députation libérale.

En effet, en novembre 1980, Claude Ryan étouffa tous ses principes constitutionnels et fit passer le «parti avant la patrie» en refusant d'appuyer une motion gouvernementale d'opposition au rapatriement unilatéral de la constitution et à la modification de la constitution du Canada par le Parlement britannique.

Les 21 députés libéraux présents (sur 29) qu'il dirigeait votèrent contre la proposition du gouvernement du PQ (appuyée par 63 députés) qui avait été tellement modifiée pour satisfaire la position de Ryan que René Lévesque avait dû s'humilier publiquement[29].

Une députée libérale, Solange Chaput-Rolland, écrira qu'elle avait été profondément secouée par la décision du chef de voter contre la motion du gouvernement:

28. Marcel Adam, «Laisser le Canada anglais faire de l'accord Meech son problème», *La Presse*, 4 mars 1989, p. B 2.
29. Débats de l'Assemblée nationale, «Journal des débats», 21 novembre 1980, p. 324-328.

M. Ryan a proposé à un autre député (Reed Scowen), et à moi, de voter contre sa propre décision.
Mais si nous avions agi ainsi, nous aurions ouvert
de larges lézardes dans l'unité du parti. [...] J'ai
toujours dit, au grand dam des libéraux les plus
ardents, que j'étais plus ryaniste que libérale. [...]
J'ai voté avec mon parti, mais j'ai dit à M. Ryan au
moment de le quitter: «Monsieur, je viens de vous
donner la plus grande preuve de loyauté dont je
suis capable. Jamais plus je n'agirai ainsi, je suis
trop meurtrie par ce que je viens de faire[30]».

Les députés libéraux du Québec (au nombre de 38)
voteront également le 1er décembre 1981 contre une
motion du gouvernement Lévesque qui refusait le projet de rapatriement de la constitution sur lequel s'étaient
entendus les neuf provinces anglophones du Canada et
le gouvernement fédéral le 5 novembre 1981[31].

Ce parti pris éminemment partisan permettra à
Trudeau de justifier l'adoption de la nouvelle constitution de 1982 sans l'appui du gouvernement du Québec en disant que 111 députés québécois (73 à Ottawa
et 38 à Québec) avaient donné leur consentement contre 72 (70 à Québec et 2 à Ottawa[32]).

En jouant l'un contre l'autre son aile nationaliste
et son aile fédéraliste, M. Ryan devait tôt ou tard perdre le contrôle de ses troupes, notamment de son aile
très fédéraliste, qui contesta son leadership et le força
bientôt à démissionner, ce qu'il fit le 8 août 1982.

---

30. Solange Chaput-Rolland, *De l'unité à la réalité*, Montréal, Éditions
Pierre Tisseyre, 1981, p. 137-138.
31. Débats de l'Assemblée nationale, «Journal des débats», 1er décembre
1981, p. 604-606. Note: le 2 octobre, une résolution du gouvernement
Lévesque s'opposant au rapatriement unilatéral de la constitution et
réclamant la présence d'Ottawa à la table des négociations n'avait
obtenu l'appui que de 32 députés libéraux contre 9, ce qui en dit long
sur les dissensions au sein du PLQ à cette période.
32. Donald Johnston (dir.), *Lac Meech. Trudeau parle...*, LaSalle, Hurtubise
HMH, 1989, p. 141.

Pourtant, à la fin de 1979, Ryan donnait l'impression de se trouver dans une position de force inexpugnable[33], d'autant plus que son parti avait remporté trois nouvelles élections partielles le 14 novembre 1979, dont deux dans des comtés fortement nationalistes et détenus par le Parti québécois, Maisonneuve et Prévost.

Comme nous venons de le voir, au cours de la deuxième et de la troisième année du mandat du gouvernement Lévesque (en 1978 et en 1979), le leadership des forces fédéralistes à l'approche du référendum a connu une évolution majeure, passant des mains du gouvernement fédéral à celles du Parti libéral du Québec, à la faveur de la défaite du gouvernement Trudeau en mai 1979.

En effet, peu à peu, le Parti libéral du Québec avait regagné la place qui lui revenait de droit, celle de mener les forces fédéralistes dans la bataille référendaire. Mais la situation évoluera rapidement avec le retour de Trudeau au pouvoir.

---

33. Un sondage Decima-Sorecom réalisé pour le compte du gouvernement Clark en décembre 1979 démontrait que les Québécois appuyaient le Parti libéral dans une proportion de 47,3 p. 100 contre 29,3 p. 100 pour le Parti québécois. Source: ANC, Ottawa, Fonds du CIUC. *Voir aussi* Jean Crête (dir.), *Comportement électoral au Québec*, Chicoutimi, Gaëtan Morin édit., 1984. À la page 107, on note qu'un sondage IQOP, réalisé du 5 au 12 décembre 1979, accordait 50,9 p. 100 des intentions de vote au PLQ contre 32,2 au PQ.

CHAPITRE III

Les mouvements pro-fédéralistes et pro-nationalistes de 1976 à 1980

À la suite de la victoire du Parti québécois le 15 novembre 1976 surgirent, plus particulièrement au Québec, comme autant de clubs de balle-molle, des mouvements, groupes de pression, fronts politiques patronnés par des hommes politiques dont le but était de promouvoir le fédéralisme et l'unité nationale. Cette prolifération de groupes n'était pas étrangère au vide politique engendré par la défaite écrasante du Parti libéral du Québec et par la crainte des anglophones du Québec.

Le premier groupe d'importance à voir le jour fut le Mouvement Québec-Canada, créé sur l'initiative du député libéral québécois Michel Gratton dans la région de Hull-Ottawa. Cette association populaire, présidée par Maurice Sauvé, regroupait des fédéralistes des deux communautés linguistiques. Très tôt, la direction fut dominée par des anglophones. Le groupe s'étendit rapidement au reste du Québec et, en septembre 1977, il comptait déjà 100 000 membres[1]. Son objectif était de faire valoir les avantages pour le Québec de demeurer dans le Canada et d'aider à unir

---

1. Michael Stein, «Changement dans la perception de soi des Anglo-Québécois», dans *Les anglophones du Québec de majoritaires à minoritaires*, IQRC, Collection «Identité et changements culturels», n° 1, 1982, p. 123.

Michel Gratton, député libéral de Gatineau, s'adresse à foule de 1 300 partisans anti-séparatistes de Aylmer, lors d'un rallye le 3 février 1977 du Mouvement Québec-Canada, groupe pro-fédéraliste qu'il a fondé en décembre 1976.

Photo Canapress.

les partis et groupes fédéralistes en vue de la lutte référendaire.

En 1978, le Mouvement Québec-Canada fut mêlé à une dispute retentissante avec d'autres groupes d'unité nationale pour avoir accepté du Secrétariat d'État une subvention de 265 000 $ pour l'aider à financer ses activités d'organisation et d'information.

Comme nous le verrons plus loin, il fut forcé d'abandonner son rôle de principal organisateur et coordonnateur de la campagne référendaire des forces fédéralistes par le Parti libéral du Québec et l'Union nationale lors de luttes internes au sein du Comité préréférendaire Québec-Canada en 1978 et en 1979.

Le Comité d'action positive fut créé, en janvier 1977, par un avocat de Montréal, Alex Paterson, et un professeur de philosophie de l'Université McGill, Storrs McCall. Le comité fut d'abord conçu comme un regroupement des élites anglophones montréalaises des milieux de l'éducation, des professions libérales et des affaires, afin de répondre à la loi 101. Son objectif était d'aider à unir les anglophones du Québec et à les faire participer plus activement au processus politique de la province. L'organisme se fit connaître rapidement et, au début de 1978, il comptait 25 000 membres. C'est l'ancêtre d'Alliance Québec[2].

Participation-Québec, un autre groupe, démarra sur l'initiative de quelques étudiants en droit de McGill, dirigés par Michael Prupas et Eric Maldoff, qui tentèrent de définir le rôle des anglophones dans un Québec français[3].

Ralli-Canada, pour sa part, fut créé pour s'opposer à la Charte de la langue française. Il devint plus tard le Freedom of Choice Movement qui réunissait

---

2. *Ibid.*, p. 123.
3. Graham Fraser, *Le Parti québécois*, Montréal, Libre expression, 1984, p. 146.

divers groupes se consacrant à la promotion des droits des anglophones. Présidé par Jean L. Renaud, il organisait des ralliements et des débats publics afin de convaincre la population de mettre fin à la «situation lamentable qui sévissait au Québec depuis le 15 novembre 1976[4]».

Le Conseil pour l'unité canadienne, créé en 1964, regroupait pour sa part quelque 2 000 hommes d'affaires voués à la promotion de l'unité canadienne. Présidé par Louis Desmarais depuis le 1er juillet 1977, le Conseil organisait, entre autres, des symposiums, les Semaines du Canada, publiait un magazine bimestriel, *Opinion Canada*, et administrait un programme d'échange d'étudiants[5].

Au cours des semaines qui ont précédé la campagne référendaire, cet organisme, disposant d'un budget de 2,7 millions en 1980, achetait du temps d'antenne (entre 14 000 $ et 20 000 $ par bloc de deux heures) dans les stations de télévision régionales de la province qu'il mettait à la disposition d'hommes politiques bien connus, fédéralistes il va sans dire. L'émission était animée par Claude Lavergne et mit en vedette Jean Chrétien, Thérèse Lavoie-Roux, Serge Fontaine, Henri-François Gautrin et Michel Robert.

Décision Canada comptait quelque 600 militants dont le travail consistait principalement à recueillir de l'information sur les avantages que le Québec retirerait à demeurer au sein du Canada et à faire de la sollicitation personnelle dans les centres commerciaux afin de rallier les francophones du Québec à leur thèse[6].

---

4. Rodolphe Morissette, «Six organismes profédéralistes s'unissent en vue du référendum», *Le Devoir*, 14 octobre 1977, p. 11.
5. «L. Desmarais au Conseil de l'unité canadienne», *Le Devoir*, 17 juin 1977, p. 8. Denis Monière, *Les enjeux du référendum*, Montréal, Éditions Québec/Amérique, 1979, p. 152. Pierre Vincent, «Le Conseil pour l'unité canadienne fait campagne à la TV», *La Presse*, 3 avril 1980, p. A 12.
6. Rodolphe Morissette, *op. cit.*, p. 11.

Commitment Canada était un organisme pancanadien dont les activités visaient surtout à «expliquer le Québec» aux Canadiens anglais des autres provinces.

Vers la mi-octobre 1977, sur l'initiative du Conseil pour l'unité canadienne, ces six organismes décidèrent de s'unir en un front commun, le Comité préréférendaire Québec-Canada, afin de mieux coordonner leur action. Vinrent se joindre à ces groupes des représentants de l'Union nationale, du Ralliement créditiste, du Parti national populaire, du Nouveau Parti démocratique, du Parti progressiste-conservateur, du Parti libéral du Canada et, plus tard, du Parti libéral du Québec.

La vraie raison de la naissance du Comité préréférendaire Québec-Canada, c'est que la panique s'était emparée des forces fédéralistes à l'automne 1977: l'on craignait le déclenchement possible d'un référendum précipité[7]. Le porte-à-porte des militants péquistes dans le cadre de la campagne de financement du PQ et les tournées des ministres du gouvernement Lévesque dans les diverses régions du Québec semblaient inquiéter plus d'un fédéraliste.

En effet, le vide laissé par la défaite du Parti libéral du Québec et la perspective d'une campagne à la direction ne laissaient guère de place à une unité d'action en 1978 dans le camp des fédéralistes du Québec.

Le groupe Tellier à Ottawa ne se faisait guère d'illusions sur l'efficacité du Comité préréférendaire Québec-Canada. «La plus grande réussite de ce comité — et elle risque d'être la seule — est d'exister. En fait, un bref coup d'œil à la liste des membres de ce comité ne trompe personne: quelle activité suscep-

---

7. ANC, Ottawa, Fonds du Comité d'information sur l'unité canadienne (CIUC), Comité préréférendaire Québec-Canada, «Note à Paul M. Tellier de Pierre Lefebvre», n.d., document de 5 pages.

tible de stimuler l'imagination des Québécois pourrait provoquer un consensus à cette table[8]?», écrit Pierre Lefebvre, directeur du Centre d'information sur l'unité canadienne, dans une note à Paul Tellier.

Il n'empêche que l'une des créatures du Comité préréférendaire, la fondation Pro-Canada, réussit à recueillir quelque 2,6 millions de dollars lors de sa campagne de financement à l'automne 1978, contributions provenant de sociétés canadiennes et de sociétés de la Couronne dont Air Canada et le Canadien national.

Denis Monière voyait dans cette levée de fonds une belle complicité entre la bourgeoisie monopoliste canadienne et Pro-Canada. «Elle nous montre que les grands monopoles veulent à tout prix préserver le *statu quo*, c'est-à-dire le fédéralisme. La bourgeoisie canadienne est à cet égard consciente de ses intérêts qui sont liés au maintien des rapports de dépendance politique du Québec et à l'oppression nationale[9].»

Entre-temps, les six groupes fédéralistes à l'origine de la fondation du Comité préréférendaire Québec-Canada avaient réussi en 1977 et en 1978 à obtenir du Comité d'information sur l'unité canadienne des subventions totalisant 679 000 $[10].

Comme nous le signalions plus haut, la cohabitation entre les différentes composantes du Comité préréférendaire demeurait fragile et elle n'avait de sens tant et aussi longtemps que le Parti libéral du Québec n'assumait pas le leadership qui lui était dévolu en vertu de la loi sur la consultation populaire. À la fin de l'été 1978, Claude Ryan décida que ce temps était arrivé.

8. *Ibid.*, p. 2.
9. Denis Monière, *op. cit.*, p. 155.
10. Compilation effectuée à partir de l'état des subventions du CIUC pour les années fiscales 1977-1978 et 1978-1979, ANC, Ottawa, Fonds du CIUC, «Note à André Payette de Paul Tellier», 7 juin 1979.

Afin de l'amadouer, les autres groupes proposè-
rent la nomination à la présidence du Comité préréférendaire de Michel Robert qui était président de la
commission politique du PLQ. Mais des tiraillements
internes se firent bientôt jour au sujet de l'organisation de la campagne préréférendaire dans les 110 comtés du Québec.

L'organisme était en fait noyauté par d'anciens
libéraux provinciaux déçus par la défaite de 1976 qui
avaient adhéré au Parti libéral du Canada et qui voulaient créer un nouveau parti politique provincial.
Ryan ne voulait surtout pas que le tapis lui glisse sous
les pieds avec l'apparition d'un nouveau parti qui
aurait été la filiale du PLC. Il fit tout en son pouvoir
pour que l'organisme ne se lance pas dans l'organisation qu'il réservait au PLQ, le seul parti d'opposition
à l'Assemblée nationale ayant un nombre important
de députés et qui était habilité en vertu de la loi sur la
consultation populaire à assumer le leadership des
forces du «Non». Il voulait que le Comité préréférendaire Québec-Canada se consacre surtout à de l'information et à l'éducation populaire[11].

Le 22 février 1979, devant l'impossibilité de
s'entendre, l'Union nationale présenta une proposition pour mettre fin temporairement aux activités de
l'organisme[12].

Quelques jours plus tard, le Comité Pro-Canada[13]
reprit ses activités, mais il fut convenu, lors d'une
réunion du conseil exécutif provisoire, le 8 mars 1979,
que les partis politiques se retireraient du Comité; on
envisageait de les remplacer par une assemblée géné-

---

11. Archives du Parti libéral du Québec, Montréal, *Le PLQ et le Comité
Pro-Canada*, 12 janvier 1979, document de 4 pages. Entrevue avec Pierre
Bibeau, ex-directeur de l'organisation du PLQ, 21 février 1991.
12. «Pro-Canada: Scission des fédéralistes», *Le Soleil*, 23 février 1979, p. 1.
13. Vers la fin de l'année 1978, le Comité préréférendaire Québec-
Canada était désigné familièrement le Comité Pro-Canada.

rale de 200 à 300 citoyens éminents du Québec[14]. Mais en réalité Michel Robert, qui avait appuyé un plan d'organisation parallèle, prévoyant une structure verticale des 14 organismes du Comité Pro-Canada sous la direction d'un bureau central de 14 permanents, était tombé en disgrâce, et Claude Ryan fit tout son possible pour l'écarter dès la fin de décembre[15].

C'est à compter de mars 1979 que le Comité Pro-Canada cessa ses activités et ferma son bureau du 550 de la rue Sherbrooke Ouest. Il ne fit parler de lui qu'à la veille de la campagne référendaire proprement dite. Ainsi, en mars 1980, l'organisme lança une campagne publicitaire où le slogan «J'y suis, j'y reste. Pour ma liberté.» avait fait tellement bondir René Lévesque qu'il avait échappé le commentaire suivant: «Ça nous donne même envie de prendre un fusil et de tirer là-dessus[16].»

Malgré les déboires du Comité Pro-Canada, il faut signaler que les groupes pro-fédéralistes constituaient une imposante armée, plus de 50 000 bénévoles, prête à travailler à fond lors du référendum.

Ces groupes n'étaient pas les seuls puisque de nombreuses organisations qui ne faisaient pas partie de Pro-Canada agissaient aussi pour la défense du Canada.

On peut penser à la Chambre de commerce du Canada qui organisait des sessions intensives de familiarisation d'hommes d'affaires canadiens, vivant hors du Québec, à la situation de cette province. Ces sessions se nommaient «Forum Québec[17]». Le Conseil du

---

14. ANC, Ottawa, Fonds du CIUC, *Pro-Canada*, «Note de Florent Tremblay à Ron Veilleux», 8 mars 1979.
15. Ian L. Macdonald, *De Bourassa à Bourassa*, Montréal, Éditions Primeur, 1985, p. 89-90.
16. Jacques Bouchard, «Lévesque lance la campagne du PQ en décriant Pro-Canada», *La Presse*, 11 mars 1980, p. A 2.
17. ANC, Ottawa, Fonds du CIUC, *Colloque de Forum Québec*, «Note à Paul Tellier de Pierre Lefebvre», 9 février 1978.

patronat du Québec, organisme réfractaire à la souveraineté, obtint aussi une subvention de 300 000 $ du CIUC afin de lancer une campagne de quatre semaines dans les journaux du Québec pour inciter la population à demander des documents sur le fédéralisme au Centre d'information sur l'unité canadienne[18].

Certains organismes pour la défense du fédéralisme non reconnus, tels le Centre de recherche de l'Institut d'histoire de l'Amérique française, présidé à l'époque par René Durocher, et la Fédération des femmes du Québec, reçurent du Centre d'information sur l'unité canadienne des sommes appréciables à titre de subventions: 100 000 $ au premier et 50 000 $ au second[19].

Signalons que beaucoup d'autres groupes œuvraient pour l'unité canadienne à l'extérieur du Québec. Sans les nommer tous, citons le cas de Contact-Canada qui était un centre de liaison pour les groupes d'unité nationale travaillant à partir d'Ottawa et qui s'était donné comme mission de faire signer une pétition par un million de Canadiens en faveur du fédéralisme.

Cette organisation qui avait reçu une somme de 756 929 $ du Secrétariat d'État en 1978 sur un budget total de 2,7 millions faisait dire à un membre du groupe Tellier: «Il s'agit de la création d'un second centre d'information sur l'unité canadienne. En plus pur, un véritable ministère sans sous-ministre qui

---

18. Marie-Claude Saint-Laurent, *Les moyens non contraignants de défense d'un État face à une menace sécessionniste: le cas canadien de 1980*, mémoire de maîtrise, Science politique, Université de Montréal, décembre 1985, p. 55.
19. ANC, Ottawa, Fonds du CIUC, «*Note de Paul Tellier à André Payette*», 7 juin 1979. Les deux organismes ont fait savoir officiellement qu'ils avaient l'impression que les subventions leur venaient du Secrétariat d'État et non du CIUC, mais ils n'ont pu produire aucun document justifiant cette affirmation. En ce qui concerne la Fédération des femmes du Québec, la présidente, Sheila Finestone, dans une lettre au ministre John Roberts, datée du 13 mars 1978, semble assez explicite lorsqu'elle écrit: «*We believe that we submitted a sound grood project which was creative and fit the criteria of aid to citizens groups, Canada unity programs.*»

pourrait faire l'envie de tout bon fonctionnaire en quête d'un empire[20].»

Comme on peut le constater, il y eut beaucoup d'effervescence chez les groupes pro-fédéralistes dans les années 1977-1979. Et beaucoup d'argent dépensé. Or, malgré des disputes au sein du Comité préréférendaire Pro-Canada, les membres de ces divers groupes partageaient un même idéal, une foi inébranlable envers le fédéralisme canadien, et étaient prêts à servir la cause, aidés en cela par les généreuses subventions du gouvernement fédéral. Nous verrons plus loin que, de l'autre côté de la barricade, les mouvements pro-nationalistes ont été obligés de faire la promotion de la souveraineté du Québec avec des moyens rachitiques.

Les mouvements nationalistes et le référendum

Dès la victoire du Parti québécois en 1976, les mouvements nationalistes québécois se sont préoccupés du référendum.

À son congrès de juin 1977, le Mouvement national des Québécois (MNQ) avait déjà commencé, notamment sur le plan des actions locales, à faire campagne en faveur d'une réponse affirmative au référendum annoncé. À cette fin, il organisa des dîners-causeries, des conférences publiques ou des colloques visant à préparer le terrain[21]. Plus tard, il produisit des affiches («Prends ton pays en main»), des macarons, des cartons d'allumettes pour véhiculer le message indépendantiste.

20. ANC, Ottawa, Fonds du CIUC, *Contact Canada*, «Note de Florent Tremblay à Paul Tellier», 1er novembre 1977.
21. Rodolphe Morissette, «Le MNQ arrête sa stratégie en faveur de l'indépendance», *Le Devoir*, 16 décembre 1977, p. 9.

On donnait libre cours aux idées les plus farfelues pour vanter les mérites de l'une ou l'autre option pendant la campagne référendaire. Le seul inconvénient, c'est que les vaches ne votent pas.

Photo Armand Trottier, *La Presse.*

Le diable était peut-être dans le camp du Non mais la tendresse n'avait pas de camp.

Photo Armand Trottier, *La Presse.*

Mais c'est surtout sur le plan international que le MNQ fit porter son action en devenant l'hôte de la IVe Conférence internationale des communautés ethniques de langue française qui se tint à Québec du 31 mars au 2 avril 1978 et en participant activement à la Ve qui eut lieu à Delémont en juillet 1979, dans le canton francophone nouvellement formé du Jura, en Suisse.

À cette époque, le MNQ éprouvait à la fois des problèmes d'argent et d'unité. Deux sections, celles de Sherbrooke et de la Mauricie, s'étaient désaffiliées, sans compter celle de Québec qui avait coupé les ponts de nombreuses années auparavant.

Bien que fort de 140 000 membres, l'organisme était davantage un tigre de papier qu'une puissance réelle, sa popularité reposant davantage sur les assurances collectives avantageuses qu'il offrait aux membres, de sorte que son poids ne pesait pas lourd dans le combat référendaire.

Dans ces circonstances, certains représentants de sections locales ont été amenés informellement à demander une aide financière au gouvernement Lévesque pour promouvoir l'indépendance et la souveraineté[22]. La réponse ne tarda pas. Ils se firent répondre publiquement par les ministres Marcel Léger et Claude Charron qu'ils pouvaient très bien se débrouiller seuls[23].

Deux raisons peuvent expliquer l'attitude du gouvernement Lévesque: d'une part, le mouvement nationaliste québécois avait adopté une position beau-

---

22. Lors d'une entrevue, M. Claude Rochon qui présidait l'organisme à l'époque a indiqué que jamais le MNQ n'avait fait de demande au gouvernement du Québec, mais il reconnaît que certaines sections locales ont pu le faire.
23. «Pas un cent du Québec pour favoriser une position partisane» (Claude Charron), *La Tribune*, 11 avril 1978, p. 2. André Tardif, «Léger: la SSJB et la SNQ sauront se débrouiller sans subventions», *Le Devoir*, 17 avril 1978, p. 3.

coup plus radicale que le gouvernement en prônant l'indépendance sans association; d'autre part, le gouvernement voulait éviter de rééditer la controverse qui régnait dans le camp fédéraliste à la suite du versement d'une subvention de 265 000 $ au mouvement Québec-Canada, controverse qui avait dégénéré en désunion.

Son calcul reposait sur le fait qu'en adoptant une attitude de neutralité, il pourrait s'attirer la faveur des fédéralistes modérés qui désiraient des changements constitutionnels.

Mais c'était aussi une certaine forme d'angélisme ou, pire encore, d'ineptie politique si l'on considère que le gouvernement Lévesque avait rendu le militantisme du Parti québécois pratiquement exsangue pendant ces années préréférendaires et qu'il laissait ainsi le champ libre à toutes sortes de propagande fédéraliste.

Au cours des mois précédant la tenue du référendum, le MNQ tenta de créer, sous l'égide de Raymond Barbeau, un pionnier de l'indépendance du Québec[24], le Rassemblement pour le Oui au Québec (ROQ), mais cette initiative avorta, les personnalités du mouvement étant finalement récupérées par le comité parapluie du «Oui».

La Société Saint-Jean-Baptiste de Montréal (SSJB-M) a probablement été le mouvement nationaliste qui initia avec succès le plus grand nombre d'actions préréférendaires. La plus percutante fut sans doute son action auprès de la jeunesse étudiante dans les cégeps et les universités qui amena la création du Mouvement étudiant pour le Oui (Méoui).

La SSJB-M avait commencé très tôt son action. En effet, elle avait mis sur pied dès mars 1977 un Comité du référendum dirigé par Jean-Marie Cossette. Au

24. Cette information nous a été fournie par M. Claude Rochon, lors d'une entrevue le 15 août 1990.

cours de l'été 1977, le Comité avait déjà réalisé une analyse stratégique intitulée «Libération» où l'on mettait en relief la nécessité de mener une vaste campagne d'éducation populaire en faveur de la souveraineté du Québec.

À cette fin, on produisit un document audiovisuel «Pourquoi pas nous» et on prépara le *Manuel pour l'indépendance*, genre de petit catéchisme conçu sous la forme de questions et de réponses. Enfin, on s'activa à former des militants lors de conférences-échanges tous les deuxièmes lundis du mois[25].

Au printemps 1978, c'est Guy Bouthillier, politicologue à l'Université de Montréal, qui prit en main les destinées du Comité du référendum. Il organisa une série d'assemblées populaires où divers orateurs nationalistes s'adressaient au grand public. La première assemblée eut lieu le 8 mai à l'auditorium Le Plateau; les orateurs invités étaient Jacques Parizeau et Pierre Bourgault[26].

C'est à l'automne de cette même année que la SSJB-M décida de constituer un fonds référendaire de 100 000 $ (une somme ridiculement basse si on la compare aux ressources dont disposaient les groupes fédéralistes) en vue de financer son programme d'action. Elle créa à cette fin un Comité d'action référendaire sous la direction de Jacques Bergeron. Il faudra cependant attendre l'automne 1979 avant que la structure ne devienne opérationnelle.

L'approche du référendum déclencha une certaine frénésie à la Maison Ludger-Duvernay. Le Conseil général décida de supporter les frais de déplacement (11 000 $ pour sept mois) de Pierre Bourgault qui avait été retenu pour donner des conférences un

---

25. Société Saint-Jean-Baptiste de Montréal, *144e Rapport annuel*, 1977-1978.
26. SSJB-M, *Procès-verbal*, Conseil général, 3 mai 1978, p. 72.

peu partout au Québec. Le réseau étudiant, le futur MÉOUI, se vit octroyer une somme de 32 000 $, plus une somme de 40 000 $ du Parti québécois (administrée par la Société) pour répandre la bonne nouvelle[27].

Deux autres comités furent créés: celui des femmes, avec un budget de 10 200 $ et celui des personnes âgées (1 500 $).

Le Comité des femmes s'activa à tenir des journées d'études sur le Livre blanc du gouvernement *La nouvelle entente Québec-Canada*, rendu public le 1er novembre 1979, des assemblées de cuisine et des cours. Il prépara également un débat entre Lise Payette et Solange Chaput-Rolland.

Quant au Comité des personnes âgées, son rôle consistait à rassurer les personnes âgées face aux craintes suscitées par le référendum, à les sensibiliser à la vie politique et à les aider dans la recherche de solutions à leurs problèmes quotidiens. À la lumière des résultats référendaires, force est de constater que cette action a connu bien peu de succès puisque les personnes âgées ont constitué le groupe d'âge le plus opposé à la souveraineté-association.

Il est important de noter que ni la SSJB-M ni la SNQ n'ont accepté d'adhérer au Regroupement national pour le Oui durant la campagne référendaire, les deux organismes préférant conserver leur liberté d'action[28]. Mais les dirigeants ont cependant accepté d'y adhérer à titre individuel.

Bref, malgré la bonne volonté manifestée par le mouvement nationaliste et les actions menées, il semble bien qu'une certaine méfiance régnait entre les dirigeants du mouvement et ceux du gouvernement

27. SSJB-M. *Procès-verbal*, Conseil général, Séance du 3 octobre 1979, p. 377. Les activités du MÉOUI seront surtout concentrées entre janvier et mai 1980.
28. SSJB-M, *Procès-verbal*, Conseil général, Séance du 26 mars 1980, p. 493.

Lévesque, sans doute attribuable au radicalisme de certains. La façade lézardée de ces deux alliés naturels, le MNQ et le PQ, et les faibles ressources dont disposait le mouvement nationaliste québécois ne promettaient guère de mener une action décisive le jour du référendum.

En conclusion, on peut affirmer que le gouvernement fédéral a été pragmatique dans son action préréférendaire en subventionnant généreusement les mouvements fédéralistes alors que le gouvernement Lévesque s'est conduit de façon autoritaire en monopolisant toutes les initiatives et en refusant d'aider les mouvements qui ne demandaient pas mieux que de prêcher la bonne nouvelle. «Il n'est pire aveugle que celui qui ne veut pas voir», dit le proverbe qui sied comme un gant à l'action du Parti québécois durant cette période.

CHAPITRE IV

Les forces fédéralistes et la campagne référendaire

Comme nous l'avions conclu au chapitre II, tout baignait dans l'huile pour les forces fédéralistes à l'automne 1979, et plus particulièrement pour le chef du Parti libéral du Québec, Claude Ryan, qui avait su redonner une image de probité et de sérieux au parti, qualités qui avaient été la pierre d'achoppement du premier mandat du gouvernement Bourassa. La popularité du PLQ dominait dans les sondages d'opinion publique, et le chef s'était assuré une position dominante parmi les groupes ou partis opposés au référendum sur la souveraineté-association.

Mais le déclenchement surprise des élections fédérales le 13 décembre, après que le gouvernement Clark eut été défait aux Communes sur une motion de blâme à l'endroit de son budget, présageait une modification, à court terme, des cartes dans le camp des acteurs fédéralistes.

Après cet événement, ce qui retint l'attention des forces fédéralistes fut d'abord le dévoilement de la question référendaire à l'Assemblée nationale le 20 décembre 1979.

Si l'on excepte Fabien Roy qui était sympathique à la question, mais dont le parti (le Crédit social) devait disparaître avec les élections du 18 février 1980, les trois autres chefs de partis fédéraux plongés en pleine campagne électorale réagirent négativement.

Trudeau déclara péremptoirement que la question contenait un «étapisme socialement inacceptable»; pour le premier ministre Clark, elle présentait une option «incompatible avec la fédération canadienne et inacceptable au gouvernement central», et pour Ed Broadbent la question «ne tenait pas compte des aspirations de la majorité des Québécois qui souhaitent un fédéralisme renouvelé[1]».

C'est toutefois le chef du PLQ, Claude Ryan, qui fut le plus mordant dans ses critiques en soulevant le problème de la légalité de la question. M. Ryan en voulait plus spécifiquement au long préambule de la question qui, à son avis, aurait dû être la question en soi et qui désavantageait les partisans de l'autre option. Quant au fond, le chef libéral le qualifiait de vraie fraude: «On nous dit: donnez-nous un mandat d'aller négocier une chose sur laquelle nous ne vous demandons pas votre opinion; réservez-vous, prenez votre temps. On confond l'objectif avec le moyen ou, plus précisément, on noie l'objectif dans le moyen[2].»

Cette «question-pantoufle», ainsi que Ryan décrivait la question, préoccupait les stratèges de son parti au plus haut point, car elle pouvait signifier un glissement important de la clientèle fédéraliste en faveur du «Oui». En effet, ceux qui prônaient un fédéralisme renouvelé ou un statut particulier pour le Québec auraient pu être dangereuse-

1. Rodolphe Morissette, «Une source de division» (Trudeau), Le Devoir, 21 décembre 1979, p. 1.
2. Assemblé nationale, «Journal des débats», Réplique du chef de l'Opposition Claude Ryan, 20 décembre 1979.

ment tentés de voter «oui» à un mandat de négociations[3].

Avant d'entreprendre une guérilla judiciaire, Ryan demanda un avis juridique à deux éminents avocats, Raynold Langlois et Yves Pratte. Le premier, qui présidait la Commission constitutionnelle du PLQ, fut d'avis que, si le préambule de la question référendaire apparaissait sur le bulletin de vote, ce serait un geste carrément illégal puisque l'égalité des chances garantie par la Loi sur la consultation populaire ne serait pas respectée[4].

Mais Yves Pratte émit une opinion différente. Selon lui, la question soumise à l'Assemblée nationale (et adoptée par la suite par les membres de l'Assemblée nationale) était conforme aux exigences de la loi: «Ce qui importe, c'est que l'Assemblée nationale adopte une question; une fois qu'elle est adoptée, je ne vois pas comment un Tribunal pourrait intervenir. Ce serait une violation des privilèges et prérogatives de l'Assemblée nationale[5].»

Il semble que Ryan fût sensible à cette dernière opinion juridique puisqu'il abandonna par la suite ses critiques quant à la légalité de la question, concentrant plutôt son «tir» sur le fond de celle-ci.

---

3. Dans une analyse non signée du CIUC, trouvée dans les archives du Parti libéral du Québec et datée du 11 février 1980, on notait que dans les sondages réalisés en 1978 et 1979, les partisans d'un changement constituaient entre 54 et 79 p. 100 de la population et que la question telle que formulée faisait tout pour les rassurer. Voir aussi Archives du Parti libéral du Québec, Montréal, *Données, informations et stratégies référendaires*, Mémo de Yvan Allaire à Guy Saint-Pierre, président du comité du référendum, document de 11 pages, n.d. mais émis probablement en janvier 1980.
4. Archives du Parti libéral du Québec, Montréal, *Avis juridique*, Objet: Loi sur la consultation populaire, de Me Raynold Langlois à Claude Ryan, Montréal, 26 février 1980.
5. Archives du Parti libéral du Québec, Montréal, *Loi sur la consultation populaire (1978) (Chapitre 6)*, Opinion de Me Yves Pratte à Claude Ryan, Montréal, 22 février 1980, document de 14 pages.

Si l'on excepte les élections fédérales, toute l'attention se concentra, au cours des deux premiers mois de 1980, sur les propositions constitutionnelles du Parti libéral du Québec, connu sous le nom de Livre beige. Le document intitulé *Une nouvelle fédération canadienne* fut rendu public par le chef libéral le 9 janvier 1980 afin que les militants libéraux puissent en prendre connaissance avant le congrès général du parti, prévu le 29 février et les 1er et 2 mars.

Il était assez étonnant que le Livre beige fût rendu public puisqu'à l'automne 1979, Claude Ryan avait indiqué que les propositions constitutionnelles du Parti libéral du Québec ne feraient pas l'objet d'un enjeu au référendum, mais qu'elles serviraient de programme politique lors de la prochaine élection générale. Ryan, probablement influencé par Claude Forget, coordonnateur du dossier, et par d'autres conseillers, s'était laissé convaincre que le dévoilement des propositions constitutionnelles du parti donnerait plus de crédibilité au concept de fédéralisme renouvelé, car autrement il aurait prêté flanc aux critiques qui l'assimilaient comme un tenant du *statu quo*. On avait même espéré secrètement en faire le cheval de bataille du camp du «Non», mais ce projet avorta comme nous le verrons plus tard.

Les principales recommandations du Livre beige étaient les suivantes[6]:

– L'adoption d'une charte des droits et libertés et l'enchâssement des langues française et anglaise dans la Constitution canadienne et son extension aux provinces de l'Ontario et du Nouveau-Brunswick.

---

6. Commission constitutionnelle du Parti Libéral du Québec, *Une nouvelle fédération canadienne*, sous la présidence de Raynald Langlois, 9 janvier 1980, 145 p.

Le 9 janvier 1980, le chef libéral Claude Ryan, accompagné du responsable du dossier constitutionel au Parti libéral du Québec Claude Forget, lance le livre beige intitulé «Une nouvelle fédération canadienne».

Photo Réal Saint-Jean, *La Presse.*

La campagne référendaire débute plutôt mal pour René Lévesque qui est accueilli par des enseignants en grève lors d'un meeting politique de son exécutif de comté à Longueuil, le 3 février 1980.

Photo Pierre McCann, *La Presse.*

– Le droit de tout individu de recevoir pour son enfant l'enseignement en anglais ou en français là où le nombre le justifie.

– L'abolition du Sénat.

– La création d'un Conseil fédéral composé de délégations des provinces (dont 25 p. 100 des membres viendraient du Québec) avec le mandat de ratifier toute initiative du gouvernement central susceptible de modifier l'équilibre fondamental de la fédération dont le pouvoir d'urgence, le pouvoir de dépenser, la nomination des juges de la Cour suprême, etc. Ce Conseil mettrait sur pied un comité dualiste (moitié francophone moitié anglophone), qui serait appelé à ratifier les initiatives fédérales en matière linguistique.

– La mise sur pied d'un banc dualiste (banc paritaire Canada-Québec) à la Cour suprême pour tout dossier constitutionnel.

– L'attribution aux provinces (qui sont égales juridiquement) du pouvoir résiduaire.

– Enfin, sur le plan culturel, les provinces obtiendraient la juridiction sur l'enseignement, les subventions et les bourses, la programmation radiodiffusée et télévisée, les modes de réinsertion sociale, la formation de la main-d'œuvre, l'accueil et l'intégration des immigrants.

Mis à part les critiques acerbes dont il fut la cible par le gouvernement Lévesque, le Parti québécois et les mouvements nationalistes, le Livre beige obtint un accueil poli mais plutôt tiède au Canada anglais. On voyait dans ce projet un alourdissement de la bureaucratie fédérale et un statut privilégié pour le Québec.

Les chefs fédéraux en campagne électorale évitèrent comme la peste de le commenter. Jean Chrétien, alors député libéral en pleine campagne électorale, donna le ton en disant: «Mon chef a déjà clairement exprimé que nous ne tournerons pas cette campagne électorale en campagne préréférendaire[7].»

Cette déclaration reflétait la mauvaise humeur ressentie par les libéraux fédéraux qui avaient tout fait en coulisse pour persuader Claude Ryan de ne pas publier son Livre beige sur la réforme constitutionnelle avant le référendum[8].

Quant aux gouvernements des provinces anglophones, il appert qu'ils avaient prévu dès l'automne 1979 de répondre favorablement aux propositions de M. Ryan si l'on en croit une rencontre entre des représentants du Centre d'information sur l'unité canadienne et des représentants du ministère des Affaires intergouvernementales de la Saskatchewan. C'était une position tactique qui devait durer jusqu'à la tenue du référendum[9].

La critique la plus articulée du Livre beige vint de l'éminent sociologue et politologue Léon Dion qui estima que les propositions du PLQ risquaient d'engager le destin du Québec sur une voie périlleuse, si jamais on lui donnait suite. Il reprocha notamment au document d'avoir écarté le statut particulier pour le Québec et d'avoir proclamé la «primauté radicale» des droits personnels sur les droits collectifs sans tenir compte des conditions particulières du Québec en matière linguistique. Enfin, il indiqua que le rapport Pépin-Robarts qui préconisait la dualité des cultures tout en accommodant le statut politique des provinces en conséquence était supérieur[10].

7. Michel Vastel, «C'est un document rafraîchissant», Le Devoir, 10 janvier 1990, p. 1.
8. Paul Longpré, «Les libéraux fédéraux dans les douleurs référendaires», La Presse, 20 mars 1980, p. A 10.
9. ANC, Ottawa, Fonds du CIUC, Memorandum to the Honourable William Jarvis. Liaison Project with Provincial Governments: Saskatchewan, de Pierre Lefebvre et Diana Monnet, 10 décembre 1979.
10. Léon Dion, Le Québec et le Canada. Les voies de l'avenir, Montréal, Québecor, 1980, p. 155-182.

Pendant cette période, les chefs des partis fédéraux en campagne électorale ont pratiquement ignoré dans leurs déclarations l'enjeu référendaire, agissant comme si cet événement prochain se déroulerait sur une autre planète. Lors d'une entrevue au *Devoir* vers la fin de la campagne, ils déclarèrent unanimement qu'il n'y aurait pas de négociations avec le Québec tant que René Lévesque resterait au pouvoir[11].

C'était une déclaration éminemment stratégique qui allait faire beaucoup de chemin durant la campagne référendaire proprement dite et qui était susceptible de rallier au camp du «Non» les Québécois hésitants et fragiles. Aujourd'hui, cette position semble d'autant plus ironique que Trudeau, ignorant son allié Claude Ryan, s'empressa de convoquer Lévesque, certes considérablement affaibli, et les autres premiers ministres provinciaux à des négociations constitutionnelles dès le lendemain du référendum[12].

Trois jours avant la fin de la campagne électorale, Trudeau n'a pu résister à aborder son thème préféré, celui de l'unité nationale: «une seule nation dotée d'un gouvernement fédéral fort, capable d'être la voix de tous les Canadiens». Il parlera d'un marché commun raffermi, de la libre circulation des produits, des emplois et des capitaux d'une province à l'autre[13].

Cette déclaration de nature très centralisatrice augurait bien le profil de sa direction à la tête du pays lors des quatre prochaines années.

En effet, au soir des élections, le 18 février, les libéraux fédéraux étaient reportés au pouvoir avec une pluralité des sièges (148), dont 74 sur 75 au Qué-

11. Michel Vastel, «Pas de négociations tant que Lévesque restera au pouvoir», *Le Devoir*, 12 février 1980, p. 1, 7 et 8.
12. Claude Morin, *Lendemains piégés: du référendum à la «nuit des longs couteaux»*, Montréal, Boréal Express, 1988, p. 14-16.
13. Claude Turcotte, «Trudeau revient à son thème favori: une seule nation», *Le Devoir*, 16 février 1980, p. 7.

bec, et les progressistes-conservateurs se retrouvèrent dans l'opposition avec 103 sièges.

Deux semaines plus tard, le 5 mars, Trudeau formait son cabinet qui comprenait un nombre inhabituel de ministres canadiens-français (14 sur 33) à des postes aussi importants que l'Énergie, la Santé et le Bien-être, l'Expansion économique régionale, les Transports et les Communications. En outre, les «deux ministères à patronage» leur étaient dévolus, les Approvisionnements et services ainsi que les Postes[14].

Mais le poste le plus important en raison des événements était destiné à Jean Chrétien qui, à titre de ministre de la Justice et ministre responsable des relations fédérales-provinciales, avait le mandat de diriger les troupes fédérales au référendum.

Accepter cette responsabilité fut la décision la plus difficile de la carrière politique de Jean Chrétien. Le député de Saint-Maurice devait se rappeler ses mésaventures avec le gouvernement du Québec dans l'affaire de la taxe de vente de 1978, ce qui avait terni sa réputation de ministre des Finances. Mais ce qui l'inquiétait le plus, c'étaient les conséquences d'un échec des forces fédéralistes tant pour le Parti libéral du Canada que pour le Canada.

De plus, la perspective de travailler avec Ryan ne l'enchantait guère. «J'étais d'avis qu'il me serait toujours difficile de travailler avec Claude Ryan, nos personnalités étant trop différentes. Avant notre réélection de 1980, je l'avais revu à une réunion d'organisation pour le référendum; il m'avait clairement fait comprendre qu'il ne voulait pas faire affaire avec moi[15].»

14. Robert Sheppard, Michael Valpy, *The National Deal*, Toronto, Macmillan, 1984, p. 28.
15. Jean Chrétien, *Dans la fosse aux lions*, Montréal, Éditions de l'Homme, 1985, p. 142.

Le débat référendaire

Au cours du débat référendaire à l'Assemblée nationale, qui débuta le 4 mars pour se terminer le 20, les libéraux donnèrent l'impression d'improviser. Il faut dire que toute leur attention avait porté au cours des deux mois précédents sur le Livre beige et ils venaient à peine de sortir du congrès qui venait de l'entériner.

De tous les orateurs défendant le Non, c'est probablement Claude Ryan qui donna la meilleure performance en mettant à profit ses talents d'analyste. En effet, il fit l'exégèse du programme du Parti québécois depuis 1972 et démontra à quel point le parti et le gouvernement Lévesque avait dilué son option fondamentale.

«Un gouvernement du Parti québécois s'engageait en 1972 à mettre immédiatement en branle le processus de l'accession à la souveraineté dès qu'il aurait été porté au pouvoir[16]», rappela-t-il.

Puis, après avoir noté les différentes étapes ajoutées tant par le parti que par la direction gouvernementale, il déclara que la question déposée à l'Assemblée nationale «consistait à faire l'indépendance à petits pas, à tenter de nous la faire avaler peu à peu, sans que nous nous en apercevions». Ce que reprocha Ryan au gouvernement, c'était de demander un oui unique et global à cinq choses différentes:

> [...] Un fédéraliste pourrait être tenté [...] de répondre oui au principe de l'égalité des deux peuples qui ont fondé ce pays qui lui donne sa personnalité propre. Il pourrait être tenté égale-

---

16. Archives du Parti libéral du Québec, Montréal, *Discours des députés partisans du «Non»*, document de 171 pages intitulé «Non merci», [s.d.], p. 1-9.

ment sans aucune difficulté de répondre oui au principe de la négociation d'une nouvelle entente [...] Il n'a pas d'objection à dire oui au principe de la ratification populaire de nouveaux arrangements découlant d'ententes qui auraient été faites par voie de négociation. Mais on a inscrit au cœur de cette espèce de monstre à cinq têtes qu'est la question du Parti québécois les éléments (la souveraineté et l'association économique) auxquels nous ne souscrivons pas. C'est pour cette raison que votre question est vicieuse, malhonnête et inacceptable dans sa formulation actuelle[17].

La stratégie qu'avait retenue le caucus des députés libéraux à l'occasion du débat référendaire devait porter sur la dénonciation de la question qu'ils estimaient malhonnête.

Mais les stratèges libéraux ne s'étaient pas assez préoccupés de l'influence de la télévision, et les députés libéraux se trouvèrent pris au dépourvu lorsque les péquistes se mirent à évoquer les vices du fédéralisme et les vertus de la souveraineté-association. Leurs discours avaient un ton chicanier et répétitif.

Ryan se montra totalement inconscient de l'importance de la caméra, restant tout le temps assis, et perturbant sans s'en rendre compte l'attention de ses collègues libéraux en bâillant et en se grattant le crâne pendant leurs discours[18].

La conséquence de la mauvaise prestation des députés libéraux s'exprima très rapidement dans les sondages. Ainsi, un sondage réalisé au cours de la deuxième semaine de mars par l'Institut québécois d'opinion publique (IQOP) et publié le 16 mars révéla

17. *Ibid.*, p. 7.
18. Graham Fraser, *Le Parti québécois*, Montréal, Libre expression, 1984, p. 245.

que le «Oui» avait repris l'avance par 47 p. 100 contre 44 p. 100 pour le «Non» et 9 p. 100 d'indécis[19].

Ayant en main un sondage réalisé par CROP pour le Centre d'information sur l'unité canadienne à la fin de février 1980 et qui donnait 52 p. 100 de Oui (aussi bien au mandat de négocier qu'à la souveraineté-association) contre 48 p. 100 de Non, les mandarins principaux du gouvernement fédéral, proches du premier ministre Trudeau, commencèrent à paniquer[20]. Cette crainte commença à gagner les hautes sphères du Parti libéral du Canada.

Convaincus que les tenants du fédéralisme allaient perdre le référendum, certains hauts fonctionnaires se convainquirent que Trudeau ne devrait pas s'impliquer dans la campagne référendaire afin de conserver intacte sa crédibilité[21].

Le 25 mars, les députés libéraux fédéraux du Québec tinrent caucus dans la capitale fédérale et les critiques fusèrent de toutes parts à l'endroit de Ryan et de l'organisation du comité du «Non». Ils décidèrent d'utiliser la littérature et la documentation audiovisuelle du Centre d'information sur l'unité canadienne pendant la campagne référendaire, même si une telle action pouvait aller à l'encontre des dispositions de la loi québécoise sur le financement des partis politiques.

De même, ils approuvèrent l'envoi d'un bulletin, payé par la Chambre des communes, vantant les mérites du fédéralisme et offrant la littérature du CIUC. Ils décidèrent aussi à cette réunion de partici-

19. André Bernard, Bernard Descoteaux, *Québec: élections 1981*, LaSalle, Hurtubise HMH, 1981, p. 39.
20. ANC, Ottawa, Fonds du CIUC, *Opinion publique au Québec*, Note de service de Maurice Pinard à Richard Berger et Richard Dicerni, 2 avril 1980, document de 4 pages. Robert Sheppard, Michael Valpy, *op. cit.*, p. 18-19.
21. Peter Brimelow, *The Patriot Game*, Toronto Key Porter *Books*, 1986, p. 219.

per à la campagne référendaire du «Non», mais sans limiter leurs activités à l'approbation du comité du «Non»[22]. Bref, la fronde gagnait les rangs du camp fédéraliste.

Trois jours plus tard, le 28 mars, Ryan rencontra Jean Chrétien à la permanence du Parti libéral du Québec à Montréal. Celui-ci, après avoir fait une colère de tous les diables parce que Ryan refusait de lui offrir la coprésidence du Comité national pour le Non, accepta finalement à contrecœur de collaborer à titre de membre du conseil d'administration. Lors d'une conférence de presse qui suivit, Ryan put annoncer un «accord sur toute la ligne» en expliquant que, depuis l'échec du regroupement des partis politiques au sein du Comité préréférendaire Pro-Canada en 1979, il avait fallu reprendre l'unification à partir de zéro[23].

Il faut signaler que, dès la mi-mars, Claude Ryan avait senti à la lumière des sondages que la présence du gouvernement fédéral était indispensable pour gagner le référendum et il avait envoyé un message à Ottawa, invitant les membres de la Chambre à participer pleinement à la campagne, préférablement hors du comité parapluie du «Non»[24]. Le chef du camp du «Non», reconnaissait ainsi que la situation était grave. Et l'élection du gouvernement Trudeau le 18 février avait réveillé un réflexe de méfiance chez les Québécois qui étaient sensibles aux arguments du PQ de conserver au Québec son pouvoir de négociation.

Le 2 avril, les députés de cinq partis fédéralistes donnaient leur accord au plan d'action préparé par les stratèges du Comité du «Non». Ce plan reprenait plu-

22. Gilbert Lavoie, «Les libéraux fédéraux iront de l'avant», *La Presse*, 26 mars 1980, p. A 10.
23. «Les tenants du Non font l'unité», *Le Devoir*, 29 mars 1980, p. 1.
24. Ian L. MacDonald, *De Bourassa à Bourassa*, Montréal, Éditions Primeur, 1985, p. 132.

sieurs points de l'analyse que l'expert en sondage du CIUC, Maurice Pinard, avait réalisée.

Celui-ci avait interprété le revirement de l'opinion publique (qui était à 52 p. 100 Oui contre 48 p. 100 Non) depuis la fin de février comme une indication que les gens avaient compris qu'il ne «s'agit vraiment que d'une question de mandat». Tout en reconnaissant que le débat parlementaire sur la question, remporté par le PQ, avait en partie joué un certain rôle, il nota que les arguments de certains fédéralistes selon lesquels la question-mandat enlevait de son importance au référendum avaient fait le jeu du PQ.

Rappelant que dans le sondage CROP de février du CIUC une question portant sur un «mandat de négocier la souveraineté-association» et non pas n'importe quelle entente donnait comme résultats 48 p. 100 de Oui et 52 p. 100 de Non, il indiqua que c'était parmi les moins scolarisés, les plus âgés et les résidents des petits villages que ce renversement se produisait[25].

Puis notant que, dans un autre sondage réalisé par Radio-Canada (au début de février 1980), une nette majorité de personnes interrogées décidées souhaitaient que le PQ perde son référendum, Pinard se disait convaincu que «la peur fera son œuvre le jour du scrutin pour renverser cette faible majorité». Enfin, il suggéra de «partisaner» le débat le plus possible (contrairement à ce qu'avaient indiqué les représentants des partis fédéralistes au Comité du «Non», le 2 avril) pour ramener à la cause du «Non» les non-péquistes et établir l'équation qu'un Oui au référendum était un Oui à la souveraineté-association, et non un simple mandat de déblocage.

Vendredi saint, le 4 avril, fut une journée magique au 24 Sussex Drive. Pour la première fois depuis

---

25. ANC, Ottawa, Fonds du CIUC, *Opinion publique au Québec,* Note de service de Maurice Pinard à Richard Berger et Richard Dicerni, *op. cit.*

Le 1er avril 1980, lors d'une conférence de presse, René Lévesque lance officiellement le Regroupement national pour le OUI qui regroupera tous les québécois favorables à la souveraineté.

Photo Robert Nadon, *La Presse*.

Entouré de Camil Samson, chef du ralliement créditiste, de Gérard-D. Lévesque, leader du parti libéral à l'Assemblée nationale, de Jean Chrétien, ministre fédéral de la Justice, de Michel LeMoignan, chef de l'Union nationale, et de John Ciaccia, député libéral, Claude Ryan dévoile le nom du comité des forces fédéralistes, baptisé «Les Québécois pour le NON».

Photo Robert Nadon, *La Presse*.

des lustres, deux grands intellectuels qui se méfiaient l'un de l'autre se rencontraient autour d'un repas à l'invitation de Trudeau. Ryan voulait en profiter pour le persuader de faire des principes contenus dans le Livre beige la position officielle du Comité du Non. Pourtant, en août 1979, il avait déclaré que les propositions constitutionnelles du Parti libéral du Québec ne feraient pas l'objet de l'enjeu référendaire. Sans doute influencé par ses proches conseillers qui lui avaient démontré qu'il fallait exposer les changements souhaités, sinon les adversaires du camp du «Non» s'empêcheraient de les assimiler au *statu quo*, Claude Ryan avait donc changé d'idée.

Or, par un curieux retournement de situation, c'est Trudeau qui réussit à le convaincre de mettre de côté le document jusqu'à la tenue du référendum[26]. Trudeau qui a toujours su profiter de sa bonne fortune avait devant lui un Ryan affaibli après le désastreux débat à l'Assemblée nationale qui avait donné l'avance au camp du «Oui» dans les intentions de vote. Il a probablement dû le persuader que, s'il s'engageait dans cette voie, il n'aurait pas l'appui souhaité du gouvernement fédéral, ce qui diviserait les forces fédéralistes, amenant une défaite certaine du camp du «Non» et, éventuellement, la contestation de son leadership. Sensible aux arguments cartésiens du maître qui monnayait sa participation à la campagne référendaire, Ryan devait en payer le prix. Il se faisait derechef retirer le leadership idéologique des forces du «Non».

Claude Ryan et Pierre Elliott Trudeau ont beaucoup de similitude. Tous deux ont été marqués par l'absence du père. Le premier vit son père abandonner le foyer conjugal alors qu'il n'était qu'un jeune enfant, et le second perdit son père alors qu'il venait

---

26. Stephen Clarkson, Christina McCall, *Trudeau. L'Homme. L'Utopie. L'Histoire,* Montréal, Boréal, 1990, p. 198.

d'avoir 14 ans. Ils se sont tous deux mariés tard, Ryan à 33 ans et Trudeau à 50 ans. Reconnus pour être deux entêtés, ils partagent des convictions communes, tel leur attachement aux libertés individuelles, et puisent leurs convictions profondes chez des auteurs catholiques anglais peu connus comme Lord Acton et le cardinal Newman. Tous deux s'intéressent aux questions constitutionnelles. Ce qui semble les différencier, c'est que l'un est riche et l'autre pauvre. Et comme le signale Ian MacDonald[27], autant Ryan est un ascète qui aime dominer son entourage autant Trudeau peut être intransigeant et arrogant dans sa logique.

Lorsqu'il était directeur du *Devoir*, Ryan a souvent reproché, dans ses éditoriaux, à l'émotif Trudeau son arrogance et son intransigeance de même que sa propension à déformer les arguments de ses adversaires pour pouvoir les contredire plus facilement. Parfois, il lui tendait le rameau d'olivier en se faisant plus conciliant, mais jamais le Trudeau politicien ne lui a téléphoné ou ne s'est rendu à son bureau du *Devoir* comme le faisaient tous les politiciens du Québec et du Canada.

Les Yvettes au secours du «Non»

Paradoxalement, ce sont les femmes libérales qui sauvèrent Ryan de la mauvaise position dans laquelle il s'était placé. Quelques militantes libérales eurent l'idée géniale de récupérer la gaffe de la ministre péquiste de la Condition féminine, Lise Payette, à l'endroit de l'épouse du chef libéral, Madeleine Ryan, qui avait été traitée de «Yvette», la fillette stéréotypée des manuels scolaires, bien sage et soumise. Nous y reviendrons plus loin.

27. Ian L. MacDonald, *op. cit.*, p. 145-155.

Voyant dans la sortie de Lise Payette une insulte à l'endroit de la mère au foyer, Lucienne Saillant, puissante organisatrice libérale dans le comté de Jean-Talon, et Monique Lehoux, vice-présidente du Parti libéral, eurent l'idée d'organiser à Québec un «Brunch des Yvettes» afin d'enrôler les femmes dans la campagne du «Non». L'événement qui se tint le 30 mars au Château Frontenac attira 1 700 personnes et constitua la première vraie manifestation populaire de la campagne du «Non».

Plus d'une semaine plus tard, Louise Robic, permanente du parti à Montréal, réédita l'exploit au Forum de Montréal en y attirant 15 000 femmes[28]. L'événement constitua la rampe de lancement de la campagne référendaire du Comité pour le «Non», puisque de nombreux rassemblements eurent lieu par la suite partout en province et permit de servir une première leçon d'organisation aux troupes du «Oui».

Lise Payette a probablement raison de prétendre aujourd'hui qu'il y a eu manipulation politique dans cette affaire puisqu'un grand nombre de femmes au foyer ont pensé qu'elles allaient protester contre le mépris des féministes à l'endroit des femmes au foyer.

En effet, une enquête effectuée par le Parti libéral à l'été 1980 auprès de 287 Yvettes a démontré que la majorité d'entre elles avaient joint le mouvement parce qu'elles se sentaient révoltées et choquées par les remarques de Mme Payette[29].

C'est le 8 avril 1980 que le Comité du «Non» désigné «Les Québécois pour le "Non"» fut officiellement

28. «1 700 Yvettes adhèrent au NON», *Le Devoir*, 31 mars 1980, p. 1. «15 000 Yvettes lancent la campagne du NON», *Le Devoir*, 8 avril 1980, p. 1. Lysiane Gagnon, «Ni Lisette ni Yvette», *La Presse*, 10 avril 1980, p. A 11.
29. Entrevue de Lise Payette au Point, CBFT, 16 mai 1990. Archives du Parti libéral du Québec, «Questionnaire», document sans titre faisant l'analyse d'un questionnaire rempli par 287 Yvettes, 16 octobre 1980.

Le 7 avril 1980, 15 000 Yvettes se rassemblent au Forum de Montréal pour protester contre Lise Payette qui a insulté Madeleine Ryan, l'épouse du chef libéral Claude Ryan. C'est la première manifestation d'envergure du camp du Non.

Photo Armand Trottier, *La Presse*.

constitué. À cette occasion, on dévoila une première liste de 290 personnes membres.

Le point névralgique du Comité, responsable des grandes orientations stratégiques et des actions référendaires, se situait à l'exécutif qui comptait 16 membres (le règlement général déposé au président-directeur général des élections en prévoyait 15) dont une majorité identifiée au Parti libéral du Québec (Claude Ryan, Gérard D. Lévesque, Jean-Pierre Roy, Louis Rémillard, John Ciaccia, Julien Giasson, Thérèse Lavoie-Roux, Alex Paterson, Sheila Finestone et Augustin Roy).

Jean Chrétien et Jean-Claude Dansereau, ce dernier président de l'aile québécoise du Parti libéral du Canada, représentaient les intérêts du gouvernement libéral fédéral tandis que Michel Le Moignan et Serge Fontaine y représentaient l'Union nationale. Enfin, Camil Samson, chef du parti Les Démocrates créditistes, et Claude Dupras du Parti progressiste-conservateur en faisaient partie[30].

Comme nous l'avons mentionné, la formation de la direction ne s'était pas faite sans heurts: Jean Chrétien voulait être le co-leader des forces du «Non», tandis que Ryan avait décidé qu'il n'y aurait qu'un chef et que ce serait lui. Il avait offert la vice-présidence à Chrétien qui n'acceptait pas d'être au même niveau que Camil Samson et Michel Le Moignan. Il décida finalement d'en être membre sans titre, mais en promettant que les libéraux fédéraux mèneraient leur «affaire en parallèle[31]».

---

30. Archives du Parti libéral du Québec, *Les Québécois pour le Non*, «Exécutif», Montréal, 9 avril 1980, document de 2 pages. *Ibid.*, «Membres», document de 12 pages.
31. Pierre Bibeau qui avait assisté à la rencontre Chrétien-Ryan note que Chrétien avait réalisé qu'il aurait été dangereux de provoquer le schisme avec Ryan, car cela aurait fait les délices du Parti québécois.

La véritable cheville ouvrière de toute l'opération au jour le jour était en fait entre les mains du comité de coordination sous la présidence de Claude Ryan, du directeur général de la campagne, Pierre Bibeau, du directeur des services administratifs Michel Derenne, du directeur des Communications Jacques Du Sault, de l'adjointe du président, responsable du contenu et de la thématique, Lina G. Allard, de l'adjoint du président, responsable de la planification, Yvan Allaire, du directeur des Finances, Serge Rémillard, de Léonce Mercier du Parti libéral du Canada et de Serge Fontaine de l'Union nationale. À ce groupe se joignirent tous les responsables de service[32].

Cette structure n'avait pas été facile à mettre sur pied étant donné les divergences qui régnaient entre partis rivaux, et plus particulièrement entre le Parti libéral du Québec et son grand frère fédéral, le PLC.

Jean Chrétien raconte que Ryan était opposé à ce que les députés fédéraux fassent des discours, organisent des assemblées et qu'ils se tiennent en première ligne, sous le feu de la bataille. «Le référendum lui paraissait être un grand débat intellectuel et, tandis qu'il gagnait un argument, les séparatistes gagnaient le cœur des gens[33]», note-t-il dans son autobiographie.

On l'a vu, le chef du Comité du Non, Claude Ryan, avait été obligé de faire des concessions afin d'obtenir la participation des libéraux fédéraux. Ces concessions avaient trait, entre autres, à la liberté d'initiative et de parole des députés fédéraux et plus particulièrement des députés libéraux. Ainsi, le 2 avril, lors d'une conférence de presse, M. Ryan avait

---

32. Archives du Parti libéral du Québec, *Les Québécois pour le Non*, «Mémo sur l'organisation des "Québécois pour le Non"», Montréal, 8 avril 1980, document de 5 pages.
33. Jean Chrétien, *op. cit.*, p. 144.

laissé échapper qu'à titre d'élus du peuple ou de ministres de la couronne, «les hommes politiques fédéraux auront bien les activités qu'ils voudront pendant la campagne référendaire. Je ne pense pas que le ministre de la Justice du Canada viendra demander l'autorisation du président des Québécois pour le «Non» avant de faire une activité découlant de ses responsabilités comme ministre de la Justice du Canada[34]».

De par sa position, Jean Chrétien s'occupait de deux comités à la fois (le Comité québécois pour le «Non» et le comité fédéral) puisque, à Ottawa, il coordonnait l'action des députés et des ministres fédéraux, des conseillers du Centre d'information sur l'unité canadienne et des hauts fonctionnaires. Les libéraux fédéraux allaient ainsi s'ingérer massivement dans les affaires québécoises, et cela aussi massivement et ouvertement que lors des élections provinciales de 1939, alors qu'ils avaient tout fait pour défaire Maurice Duplessis et ses politiques anti-guerre et pour faire élire Adélard Godbout.

Le comité fédéral présidé par Chrétien se réunissait tous les mardis matin avec un comité spécial de ministres fédéraux du Québec pour planifier la stratégie référendaire du gouvernement fédéral. Le groupe faisait ensuite rapport à Trudeau lors de la rencontre du comité des priorités et de la planification.

Les ministres fédéraux du Québec avaient reçu l'ordre de ne pas voyager hors du pays et même hors du Québec sans permission expresse du premier ministre. Ils passaient le plus clair de leur temps à coordonner leurs annonces de subventions, les moments de faire des déclarations ministérielles et les

34. Tribune de la presse de l'Assemblée nationale, *Conférence de presse de M. Claude Ryan*, lundi 31 mars 1980. Transcription, document de 17 pages.

localités choisies de la province pour émettre des communiqués de presse[35].

Le Regroupement pour le «Oui» allait donc devoir faire face à deux puissantes machines lors de la campagne référendaire. Les deux machines du «Non» piaffaient tellement d'impatience de s'affronter avec la machine du «Oui» qu'elles lancèrent leur campagne officielle deux jours avant que René Lévesque ne dépose le bref référendaire, le 15 avril.

Le 13 avril, à l'aréna de Chicoutimi, se tint en effet la première assemblée publique du Comité du «Non» qui avait été organisée par les libéraux fédéraux. Ce fut un four. Alors que l'on attendait 7 000 personnes, seulement 3 000 se présentèrent et à peine un millier demeura jusqu'à la fin pour y entendre deux douzaines d'orateurs.

L'idée de lancer la campagne du «Non» dans un château fort du Parti québécois n'était pas particulièrement brillante, et c'est probablement ce qui incita Trudeau à intervenir publiquement et à critiquer un peu plus tard la campagne du «Non».

Sa première grande sortie, il la fit aux Communes, lors de l'ouverture de la première session de son gouvernement. Il faut signaler ici que la décision du gouvernement fédéral d'ouvrir la session aux Communes en même temps que débutait la campagne référendaire proprement dite, et d'y prévoir un débat télévisé sur l'unité canadienne centré sur la question du Québec, fut probablement l'un des tournants dans la défaite du camp du «Oui».

En effet, pendant deux semaines, les ministres Lalonde, Ouellet, Bégin, de Bané, Fox et Chrétien se chargèrent de dénoncer la proposition du gouvernement Lévesque sur les plans de l'énergie, de l'agriculture, du développement économique, des affaires

---

35. Robert Sheppard, Michael Valpy, *op. cit.*, p. 28.

sociales, de la culture, etc. Leurs critiques demeurè-
rent sans réplique puisque personne ne défendait la
thèse opposée, l'Assemblée nationale ayant ajourné
ses travaux[36]. De plus, après ce débat, la Chambre
convint de ralentir considérablement ses travaux pour
permettre à ses membres de participer pleinement à la
campagne référendaire.

Comme la plupart des membres intéressés à le
faire étaient des députés libéraux du Québec et qu'ils
représentaient une large proportion des voix majoritaires du gouvernement Trudeau en Chambre, les
partis d'opposition consentirent même à appliquer
systématiquement le «pairage» des députés (arrangement en vertu duquel pour chaque député libéral
absent un député de l'opposition s'abstient de voter)
et à ne pas demander de vote les lundis et les ven-
dredis[37].

Aux Communes, le 15 avril, Trudeau montra
qu'il dominait les événements en mettant à profit sa
logique cartésienne. Il avertit les Québécois qui voteront oui qu'ils s'engageront dans une impasse politique et juridique puisque les premiers ministres des
provinces anglophones avaient déclaré ne pas être
intéressés par l'association proposée par le gouvernement Lévesque:

> Ceux qui donneront un oui à la question référen-
> daire devraient savoir dès maintenant qu'ils
> s'engagent dans une impasse. Ils devront savoir
> dès maintenant que le oui ne peut mener qu'à un
> cul-de-sac politique et juridique, puisque,
> comme je viens de le démontrer, l'association ne

---

36. Édouard Cloutier, «À deux contre un: les jeux de la campagne référendaire et de la révision constitutionnelle», dans *Québec: un pays incertain*, Édouard Cloutier (dir.), Montréal, Éditions Québec/Amérique,
1980, p. 77-78.
37. *Ibid.*, p. 78.

peut pas se faire sans associés. Il n'y en a pas, et l'indépendance ne peut pas se faire sans l'association, donc elle ne se fera pas[38].

C'était un argument susceptible d'influencer les néo-fédéralistes hésitants entre le Oui et le Non. Un sondage réalisé pour le compte du ministère des Affaires intergouvernementales du Québec en juin 1979 avait d'ailleurs démontré que 54 p. 100 des personnes interrogées voteraient contre la souveraineté-association, s'il n'apparaissait pas certain que les négociations réussissent[39]. Donc, en manipulant les premiers ministres anglophones du Canada, Trudeau était certain de pouvoir influencer le vote référendaire.

Pourtant, un sondage mené en Ontario vers la fin de la campagne référendaire révélait que plus de 47 p. 100 des Ontariens contre 29 p. 100 se disaient prêts à négocier la souveraineté-association si le Québec votait oui au référendum du 20 mai 1980[40]. La position des premiers ministres anglophones des provinces était bien loin de représenter le sentiment de leurs commettants.

À partir de sa déclaration aux Communes, Trudeau devait prendre l'ascendant sur Ryan pour les forces du «Non» durant la campagne référendaire en intervenant à des moments espacés et en cristallisant le débat. Ainsi, il devait se produire le 2 mai à Montréal devant la Chambre de commerce, le 7 mai à Québec et le 14 mai au Centre Paul-Sauvé de Montréal.

---

38. Archives du Parti libéral du Québec, *Discours de Pierre E. Trudeau*, Chambre des communes, 15 avril 1980, document de 6 pages.
39. Gouvernement du Québec, ministère des Affaires intergouvernementales, Édouard Cloutier et CROP, *Sondage sur la perception des problèmes constitutionnels Québec-Canada par la population du Québec*, septembre 1979.
40. «Ontariens pour la négociation après le oui», *Le Soleil*, 16 mai 1980, p. B 1.

Comme pour préparer sa venue, il critiqua, lors
d'une conférence de presse donnée le 24 avril, la campagne du «Non» en notant que les forces du «Non»
oubliaient de flatter la fierté à l'appartenance canadienne. «Le PQ a été assez habile à faire croire qu'il
suffit d'avoir un peu de fierté pour voter oui... Notre
position, c'est que bien au-delà de la question de
l'administration, de la question du gros bon sens, le
Canada est une noble entreprise... C'est le message
que je voudrais voir livrer[41].»

Devant cette critique qui le visait en partie, Chrétien se sentit obligé de contredire publiquement son
premier ministre qui, à son avis, répétait les plaintes
et les inquiétudes de ses conseillers qui n'étaient pas
directement engagés dans le Comité du «Non»[42].

Au cours des deux premières semaines, la campagne du «Non», bien qu'agressive, était répétitive et
ennuyante. Elle se menait par de grandes assemblées
publiques, de préférence à l'écart de la télévision, et le
message des orateurs était alarmiste. Ils y laissaient
entendre que la proposition du gouvernement Lévesque
mettait en danger non seulement l'existence du
Canada, mais aussi la sécurité économique (les pensions de vieillesse, les paiements de péréquation et les
2 milliards en paiement de compensation pour le prix
du pétrole) et le régime démocratique de liberté et de
tolérance dont jouissaient les Québécois[43].

Le 25 avril, Trudeau annonce déjà ce qu'il dira
sur les tribunes publiques en adressant dans une lettre ouverte aux Québécois le message suivant: «Je ne

---

41. «Trudeau déplore le manque de passion des tenants du Non», *Le
Devoir*, 25 avril 1980, p. 1.
42. Jean Chrétien, *op. cit.*, p. 145.
43. Les Québécois pour le Non, *Manifeste*, 8 avril 1980, document de 13
pages. Édouard Cloutier, *op. cit.*, p. 74

promets pas de miracle en cas de victoire du «Non» mais je promets que nous n'épargnerons aucun effort pour rendre possible le renouvellement de la Constitution[44].»

Dès la fin d'avril, le camp du «Non» avait repris le terrain perdu au cours du mois de mars dans les intentions de vote. Ainsi un sondage IQOP du 20 avril 1980 révélait que les deux camps étaient nez à nez (41,2 p. 100 de Oui contre 40,9 p. 100 de Non et 17 p. 100 d'indécis). Ces résultats furent confirmés par un sondage CROP, diffusé par Radio-Canada le 25 avril, qui accordait 44,4 p. 100 au camp du «Oui» contre 43,9 p. 100 au camp du «Non» et 11,7 p. 100 d'indécis[45]). Or, comme les indécis cachaient des Non dans une proportion de 80 p. 100, le camp du «Non» pouvait dès lors espérer une victoire facile si la campagne se maintenait sans fausse surprise.

Il paraissait évident que les dirigeants du Comité du «Non» avaient réussi à convaincre la majorité que le gouvernement Lévesque demandait un mandat de négociation simplement parce qu'il croyait pouvoir l'obtenir, alors que son objectif réel était de faire du Québec un État souverain. De même, les déclarations des dirigeants du gouvernement fédéral ainsi que de ceux des provinces anglophones cherchaient à convaincre les Québécois de l'inutilité du référendum.

La première apparition publique de Trudeau devant la Chambre de commerce de Montréal, le 2 mai, fut plutôt du genre pisse-vinaigre. Se disant respectueux des indépendantistes durs tels Bourgault, Chaput et D'Allemagne, il les accusa de manquer de cou-

---

44. Michel Vastel, *Trudeau le Québécois*, Montréal, Éditions de l'Homme, 1989, p. 250-251.
45. «Le Oui et le Non nez à nez», *Dimanche-Matin*, 20 avril 1980, p. 2. «La Question référendaire. Évolution des intentions de vote à travers les sondages», *Le Soleil*, 21 mai 1980, p. A 9.

rage en appuyant un mandat de négocier la souveraineté-association alors qu'auparavant ils étaient des
indépendantistes. Il s'en prit aussi aux intellectuels et
aux artistes qui méprisaient l'option canadienne.

Puis il se mit à ridiculiser démagogiquement la
logique selon laquelle le Canada anglais accepterait le
résultat du référendum et se mettrait à négocier par
seul sens du fair-play et par respect de la démocratie:
«Supposons que Cuba ou Haïti voudrait faire une
association, un marché commun avec le Canada...
Est-ce qu'au nom de la démocratie, on sera obligé de
la faire, cette union-là[46]?»

Il poursuivit en accusant le Parti québécois de risquer l'humiliation du peuple québécois en s'engageant dans un processus qui n'avait suscité aucune
réaction favorable. Il fit alors une comparaison bles-
sante pour Lévesque: «M. Castro ou M. Duvalier
aurait au moins fait des négociations préalables,
aurait au moins sondé l'opinion canadienne de peur
que justement le Canada dise "Allez vous faire voir"
ce qui est assez humiliant pour un peuple[47].»

À compter de la deuxième semaine de mai, le
camp du «Non» modifia son message afin de lui donner un caractère positif. On fit valoir les richesses du
Canada dont les Québécois pouvaient bénéficier, on
évoqua sentimentalement la beauté des montagnes
Rocheuses que les explorateurs français avaient décou-
vertes, la liberté dont les citoyens canadiens jouissaient.

Les stratèges du Comité du «Non» en étaient
venus à la conclusion que leur message de fond sur
l'économie et l'énergie n'avait pas tellement passé et
que les francophones adhéraient toujours à 50 p. 100
au camp du «Oui» contre 37 p. 100 pour le «Non». Il
fallait donc utiliser le sentiment patriotique pour pal-

46. Graham Fraser, *op. cit.*, p. 250-251.
47. *Ibid.*, p. 251.

lier le fait que le Parti québécois jouait énormément sur l'émotivité et développer les arguments des répercussions fiscales d'une séparation[48].

Mais, paradoxalement, Trudeau semblait avoir adopté une stratégie qui était différente. C'est ainsi qu'il fit adopter le 9 mai une motion unanime permettant au gouvernement fédéral de rapatrier unilatéralement la constitution canadienne. De plus, il indiqua, en conférence de presse, qu'il convoquerait avant la fin de l'été une conférence des premiers ministres pour discuter d'une nouvelle constitution.

Ce faisant, il mettait l'aile québécoise du camp du «Non» dans une position difficile et il faisait un solide croc-en-jambe au chef du Comité du «Non» Claude Ryan (qui préféra faire le mort) après avoir fait la promesse solennelle en pleine campagne électorale fédérale qu'il ne négocierait jamais avec Lévesque[49].

C'est cependant à Montréal, le 14 mai, qu'il créa le plus grand impact de la campagne en promettant de renouveler à la fois la constitution canadienne et le fédéralisme. S'adressant à la foule de 10 000 personnes réunies au Centre Paul-Sauvé et à l'ensemble des Canadiens par l'intermédiaire du petit écran, il déclara:

> [...] Je sais — parce que je leur ai parlé ce matin, à ces députés — je sais que je peux prendre l'engagement le plus solennel qu'à la suite d'un Non, nous allons mettre en marche immédiatement le mécanisme de renouvellement de la constitution et nous n'arrêterons pas avant que ce

48. Archives du Parti libéral du Québec, Les Québécois pour le Non, Comité de coordination, «Item 2: Évaluation de la stratégie», Montréal, 9 mai 1980.
49. Archives du Parti québécois, Le regroupement national pour le Oui, *Une erreur révélatrice de M. Trudeau*, Déclaration de M. René Lévesque, Montréal, 10 mai 1980, document de 5 pages. «Rapatrier la constitution: Trudeau est prudent et Lévesque parle d'un coup de force», *La Presse*, 10 mai 1980, p. 1.

Le 14 mai 1980 au Centre Paul-Sauvé, Pierre Elliott Trudeau, premier ministre canadien, fit la promesse solennelle de renouveler le fédéralisme... à sa façon.

Photo Robert Nadon, *La Presse*.

Claude Ryan, chef du camp du Non, menait une campagne à l'ancienne, fuyant autant que possible les caméras de la télévision.

Photo Armand Trottier, *La Presse*.

soit fait. Nous mettons nos têtes en jeu, nous, députés québécois, parce que nous le disons à vous, des autres provinces, que nous n'accepterons pas ensuite que ce Non soit interprété par vous comme une indication que tout va bien puisque tout peut rester comme c'était auparavant. Nous voulons du changement, nous mettons nos sièges en jeu pour avoir du changement[50].

Marcel Adam de *La Presse* qui assistait à cette assemblée (et qui devait neuf ans plus tard entreprendre une polémique avec Trudeau) n'en croyait pas ses oreilles. «Je me suis dit que M. Trudeau devait avoir vraiment peur que le «Oui» l'emporte pour se résoudre à faire des concessions dans un domaine où il s'était toujours montré intransigeant[51].»

Il n'était pas le seul à être renversé puisque les députés libéraux du Québec à Ottawa constatèrent que leur chef avait mis leur siège en jeu sans les consulter. Lors du dixième anniversaire du référendum, Jean Lapierre affirma qu'il n'avait pas été consulté et qu'il avait appris que seule une poignée de personnes avait été mise dans le coup. Mais ce même soir, il avait dit à Pierre Bibeau, le directeur de la campagne du «Non», qu'il était convaincu que le fédéralisme serait décentralisé et qu'il y aurait une nouvelle répartition des pouvoirs. Même Jean Chrétien taquinera Trudeau en lui demandant de ne pas faire des promesses aussi lourdes de conséquences pour son emploi et son salaire[52].

Dès le début de mai, un des vice-présidents du Comité pour le «Non» et chef par intérim de l'Union

---

50. Graham Fraser, *op. cit.*, p. 252.
51. Marcel Adam, «La vraie question est: comment les Québécois ont-ils compris M. Trudeau?», *La Presse*, 11 mars 1989, p. B 2.
52. CBFT, *Le Point*, Entrevues réalisées le 16 et le 17 mai 1990. Entrevue avec Pierre Bibeau, le 21 février 1991.

nationale, Michel Le Moignan, s'était toutefois interrogé publiquement sur les intentions véritables de
Trudeau de renouveler la fédéralisme:

> J'aimerais qu'il nous apporte des certitudes à
> propos du rapatriement de nos impôts dans les
> domaines où nous avons une juridiction, les
> affaires sociales, les affaires urbaines, les commu-
> nications, bref, tout ce qui touche notre vie
> intime. Qu'il nous promette que le fédéral ne fera
> plus d'intrusion dans nos affaires. Qu'il nous
> assure que les impôts sur le revenu des individus
> resteront au Québec, qu'il nous retourne ce que
> le fédéral nous a pris en temps de guerre. Qu'il
> s'engage à couper les dédoublements de services,
> notamment en agriculture et dans les centres de
> main-d'œuvre[53].

Étrangement, le chef québécois du Comité du
«Non», Claude Ryan, n'a jamais demandé de telles
précisions à la suite de la déclaration de Trudeau.
Pourtant, il devait déjà savoir que le premier ministre
fédéral avait indiqué clairement le 9 mai qu'il pouvait
se passer de lui après le référendum puisqu'il avait
déclaré son intention de convoquer une conférence
constitutionnelle dès l'été 1980, sans attendre la tenue
des élections provinciales.

Trudeau était tout à fait pessimiste sur les chances du camp fédéraliste de gagner le référendum malgré les sondages qui prédisaient une victoire. Dans
l'après-midi du 20 mai, il s'était rendu, angoissé, à la
résidence de Claude Ryan, boulevard Saint-Joseph,
pour exprimer ses doutes quant à la victoire du Non.
Il avait même indiqué à son interlocuteur qu'il avait
préparé un discours dans l'éventualité d'une victoire

---

53. Pierre Vincent, «Le Moignan veut des garanties de Trudeau», *La
Presse*, 2 mai 1980, p. A 10.

Au début de la campagne référendaire, le 16 avril 1980, les Québécois pour le Non avaient organisé une rencontre des trois chefs du Parti libéral du Québec qui s'étaient succédés: Claude Ryan, Robert Bourassa et Jean Lesage.

Photo Pierre McCann, *La Presse.*

René Lévesque faisait plus souvent qu'autrement une campagne référendaire en solitaire. On le voit ici lors d'une conférence de presse, le 1er mai 1980.

Photo Robert Nadon, *La Presse.*

du camp du «Oui». «Je pense qu'il était pessimiste de nature et qu'il ne croyait pas ses propres sondeurs et les nôtres[54]», constate Pierre Bibeau.

Toutefois, le même soir, quand les résultats confirmèrent la victoire du «Non», il téléphona à Ryan pour lui dire qu'il allait procéder rapidement au rapatriement de la constitution, mais sans lui dire qu'il y insérerait une charte des droits. Ryan dira plus tard à propos de Trudeau: «Il m'a royalement eu[55].»

Au moment où Trudeau prononçait son fameux discours du 14 mai, René Lévesque assistait à une réunion du «Oui», au restaurant Sambo, rue Sherbrooke à Montréal. Il réagit aux promesses de Trudeau en disant: «C'est un maudit bon discours mais il nous fait mal parce qu'il arrive à la fin[56].»

Cela devait faire très mal comme les Québécois devaient le constater après l'adoption de l'Acte constitutionnel de 1982 sans l'accord du Québec. Après ce coup de force constitutionnel, Trudeau fut accusé de toutes parts, au Québec, d'avoir trahi son engagement envers les Québécois.

Il ne répondit à ces accusations que lors des audiences publiques du Sénat, le 30 mars 1988, en expliquant qu'il ne pouvait pas envisager de réformer la constitution pour y apporter des changements auxquels il s'était opposé durant les trente-cinq ans de sa

---

54. Entrevue avec Pierre Bibeau, 21 février 1991.
55. Entrevue avec Pierre Bibeau, 21 février 1991. Ian L. MacDonald, *op. cit.*, p. 165.
56. Michel Vastel, *op. cit.*, p. 252.

Page 109: Le 17 avril 1982, Pierre Elliott Trudeau scelle sa victoire finale à la suite du référendum québécois de mai 1980. La reine Elisabeth paraphe la nouvelle Loi constitutionnelle du Canada à Ottawa sous les yeux réjouis d'André Ouellet, registraire général, et du ministre Gerald Regan.
Photo Canapress.

vie publique, surtout pas accepter l'idée d'un statut particulier pour le Québec[57].

Selon Marcel Adam, ce qui est important, ce n'est pas ce que M. Trudeau avait vraiment en tête quand il a fait sa promesse, mais comment le peuple québécois a interprété, lui, cette promesse. Il rappelle que tous les premiers ministres fédéralistes depuis Lesage jusqu'à Bourassa, en passant par Johnson et Bertrand, ont réclamé un remaniement fondamental de la constitution qui donnerait lieu à un nouveau partage des pouvoirs, c'est-à-dire à une dévolution au Québec de compétences législatives additionnelles afin, disait-on, de mieux préserver son caractère distinct. Adam note que les sondages préréférendaires indiquaient qu'une forte proportion de Québécois décidés, ou tentés de voter oui, voulaient en fait un fédéralisme renouvelé, mais le camp du «Non» n'était pas sûr de la victoire à quelques jours du scrutin, comme l'avoue Jean Chrétien dans ses mémoires. «En choisissant d'être vague, Trudeau laissait le soin aux gens d'interpréter le sens de son engagement à ses risques et périls. Ce qui autorise à penser qu'il a pris le risque calculé de gagner le référendum à la faveur d'un malentendu[58].»

Ce dont les observateurs et les analystes ne s'étaient pas rappelé, c'est que deux jours après sa démission à titre de chef du Parti libéral du Canada, le 23 novembre 1979, Trudeau avait étalé publiquement ses états d'âme, lors d'une entrevue au *Devoir*, quant à ses relations avec Claude Ryan qui l'avait invité après sa démission à participer au combat référendaire, et sur le comportement que les fédéralistes

---

57. Donald Johnston (dir.), *Lac Meech, Trudeau parle ...*, LaSalle, Hurtubise HMH, 1989, p. 46-115
58. Marcel Adam, «La vraie question est: comment les Québécois ont-ils compris M. Trudeau?», *La Presse*, 11 mars 1989, p. B 3.

devraient suivre en ce qui concernait la définition du fédéralisme renouvelé.

Après avoir déclaré que, lui, il était un fédéraliste qui croyait que les Québécois devaient bâtir leur place dans l'ensemble du Canada, mais que Ryan était un fédéraliste qui croyait qu'il faille bâtir le Québec dans ce pays (le Canada), il avait indiqué que la plus élémentaire stratégie était de demeurer discret quant au renouveau du fédéralisme qu'on veut après la victoire référendaire. «Il faut rappeler aux Québécois qu'ils seront appelés à voter pour ou contre la souveraineté-association et non pas pour ou contre Claude Ryan ou Pierre Trudeau[59]», disait-il.

Et il ajoutera qu'il ne voudrait pas entrer sous le parapluie du «Non» si cela signifie que désormais la sorte de Canada auquel il rêve sera celle qui sera définie par Claude Ryan. Il était donc clair que Trudeau ne partageait pas du tout la vision de Ryan et qu'il ferait tout en son pouvoir, si la chance lui souriait, pour faire prévaloir sa vision.

La plupart des analystes et observateurs ont soutenu que les trois interventions publiques de Trudeau durant la campagne référendaire furent déterminantes dans la victoire du camp du «Non» qui a obtenu 59,6% du vote contre 40,4 p. 100 pour le camp du «Oui».

Il a été démontré que 59 p. 100 des électeurs favorisaient le fédéralisme renouvelé. De ceux-ci, 18 p. 100 ont voté Oui et 41 p. 100 Non[60]. Cela suggère fortement que la promesse de Trudeau de renouveler le fédéralisme a joué à plein chez les néo-fédéralistes. À cela on

---

59. Pierre Elliott Trudeau, «J'ai beaucoup réfléchi… et j'ai compris qu'il fallait un homme nouveau», *Le Devoir*, 26 novembre 1979, p. 5.
60. Maurice Pinard, Richard Hamilton, «Les Québécois votent Non: le sens et la portée du vote», Jean Crête (dir.), *Comportement électoral au Québec*, Chicoutimi, Gaëtan Morin éditeur, 1984, p. 352.

peut ajouter un élément psychologique, à savoir la popularité des chefs en présence. Ainsi, un sondage avait démontré que les Québécois considéraient à 54 p. 100 contre 22 p. 100 que Trudeau était un meilleur chef que Lévesque. Par ailleurs, celui-ci était considéré meilleur que Ryan (40 p. 100 contre 31 p. 100[61]).

La clientèle du «Non» s'est surtout recrutée chez les anglophones et les allophones représentant 18 à 20 p. 100 de l'électorat (ayant voté Non à 95 p. 100), chez les bas salariés comme chez les très hauts salariés (50 000 $ et plus par an), chez ceux qui pratiquent une religion et surtout chez les personnes âgées de plus de 55 ans[62].

Comme nous l'avons indiqué précédemment, dans les deux dernières semaines de la campagne référendaire, l'enjeu pour les deux camps consistait à obtenir une pluralité de voix chez les Québécois francophones.

Sur ce point, il appert que les forces du «Non» ont gagné leur pari, puisque la majorité des experts en sondage estiment que les francophones ont voté Non dans une proportion supérieure à 51 p. 100[63].

Léon Dion déplorait vers la fin de la campagne référendaire le recours au terrorisme économique par les forces du «Non» qui brandissaient le spectre de l'appauvrissement collectif dans un Québec souverain

---

61. Lise Lachance, «Trudeau, le meilleur leader; Lévesque suit; Ryan derrière», *Le Soleil*, 16 mai 1980, p. A 3.
62. André Blais, Richard Nadeau, «La clientèle du Oui»; Maurice Pinard, Richard Hamilton, «Les Québécois votent Non: le sens et la portée du vote», dans *Comportement électoral au Québec, op. cit.*, p. 323-385.
63. ANC, Fonds du CIUC, *Interprétation des résultats du référendum selon la langue maternelle*, Note à l'intention du premier ministre, 13 juin 1980, document de 2 pages. Dans cette note, le CIUC soutient que les francophones ont voté Non à 52,2 p. 100. Voir aussi Maurice Pinard, Richard Hamilton, *op. cit.*, p. 344-345; les deux sociologues estiment à 51,8 p. 100 le vote francophone en faveur du Non.

pour faire peur aux personnes âgées, aux hommes d'affaires et, en définitive, à tous les citoyens[64].

L'utilisation de la peur économique à outrance donnait raison à Bourassa qui, au début des années 70, avait justifié le fédéralisme par sa rentabilité plutôt que par ses valeurs intrinsèques. Or, en 1980, le fédéralisme était apparemment rentable pour le Québec à cause des paiements de péréquation et des subventions fédérales pour le pétrole (pour l'exercice financier 1978-1979, le Québec aurait reçu du fédéral 3,7 milliards de plus qu'il n'avait versés[65]).

Mais au-delà de cette campagne de peur, il faut bien constater que le camp du «Oui» faisait face à deux organisations parfaitement bien structurées: la machine électorale du Parti libéral du Québec et les ressources de tout l'appareil gouvernemental fédéral.

À cet égard, nous verrons dans le prochain chapitre à quel point les dépenses effectuées par le gouvernement fédéral, et non comptabilisées dans les dépenses admissibles des deux camps officiels, ont pu se révéler un facteur déterminant dans le cours des événements.

---

64. Léon Dion, «Au-delà des simplifications», *La Presse*, 13 mai 1980, p. 13.
65. Édouard Cloutier, *op. cit.*, p. 117.

CHAPITRE V

Les dépenses fédérales
durant la campagne référendaire

Pendant la campagne référendaire, le gouvernement fédéral a été accusé d'avoir dépensé illégalement et sans limites des millions de dollars en publicité de toute sorte afin de convaincre les Québécois de voter non au référendum du 20 mai 1980.

Ainsi, lors de la dernière semaine de la campagne référendaire, René Lévesque avait déclaré qu'Ottawa avait dépensé 5 millions en publicité illégale[1]. De son côté, le député péquiste Gérald Godin a estimé en 1987 que le gouvernement fédéral avait dépensé 17,5 millions de dollars en publicité pendant la campagne référendaire[2].

Il demeure assez difficile d'évaluer avec précision ce que le gouvernement fédéral a dépensé en raison de la destruction de nombreux documents pertinents du Centre d'information sur l'unité canadienne, notamment concernant la période de janvier 1980 à juin

1. Yves Leclerc, Pierre Vincent, «Ottawa a dépensé 5 millions $ en publicité illégale, dit Lévesque», *La Presse*, 16 mai 1980, p. A 8. Archives du Parti québécois, *Comment les fédéralistes conçoivent l'égalité*, document de 7 pages annoté par René Lévesque, 12 mai 1980.
2. Norman Delisle, «Pendant la campagne référendaire, Ottawa a dépensé $ 17,5 millions en publicité», *La Presse*, 14 décembre 1987, p. B 1. Note: lors d'un entretien, Gérald Godin a indiqué qu'il avait ajouté les salaires du personnel du CIUC et d'autres dépenses effectuées par d'autres ministères en publicité pendant la période référendaire.

1980[3]. De plus, la confidentialité de certains documents est protégée par la Loi sur l'accès à l'information pour une période de vingt ans.

C'est le cas des avis et recommandations émis par une institution fédérale ou un ministre de la Couronne, des comptes rendus de consultations ou délibérations où sont concernés des cadres ou employés d'une institution fédérale, un ministre de la Couronne ou le personnel de celui-ci[4].

Lorsqu'ils ont lancé leurs accusations, autant Lévesque que Godin n'ont mentionné que la publicité dans leurs déclarations, sans tenir compte des autres activités du Centre d'information sur l'unité canadienne. Mais qu'en est-il exactement?

D'après une évaluation conservatrice basée sur les prévisions budgétaires et les comptes publics des années 1979-1980 et 1980-1981, le Centre d'information sur l'unité canadienne a probablement dépensé une somme supérieure à 11 millions du 1er janvier 1980 au 21 mai 1980 pour lutter contre la souveraineté-association. Cette somme exclut les salaires versés au personnel (90 personnes), les dépenses reliées aux frais de transport, aux fournitures d'équipement, etc., et les sommes consacrées par les autres ministères à la défense du fédéralisme.

On ne peut prétendre que tout cet argent a servi à des fins publicitaires comme des messages à la radio ou à la télévision, des annonces dans les journaux ou la location de panneaux publicitaires. Mais il est indéniable que cette somme a été utilisée de diverses façons (publicité, imprimés, études spéciales, subven-

---

3. Dans l'article cité plus haut, Gérald Godin mentionne la destruction de nombreuses boîtes de documents lorsque ceux-ci étaient sous la responsabilité du ministère de la Justice.
4. Gouvernement du Canada, *Loi sur l'accès à l'information*, Chambre des communes, C-29-30-31, chapitre III, art. 14 à 24.

tions, sondages, expositions, etc.) dans un seul but: la défense du fédéralisme orthodoxe qui était acculé au pied du mur.

Nos recherches dans les rapports financiers de l'organisme nous ont permis de calculer avec précision que le CIUC a disposé d'une somme de 1 687 000 $ aux fins d'information, de liaison et pour ses services spéciaux du 1er janvier au 31 mars 1980. Cette somme exclut les salaires versés, les frais de transport et de communication, les frais de location et les fournitures de matériel[5].

Or, après la prise du pouvoir par les libéraux fédéraux, le 18 février 1980, le nouveau ministre des Finances, Allan MacEachan, déposa ses prévisions budgétaires qui allouaient une somme de 10,3 millions au Centre d'information sur l'unité canadienne pour l'année budgétaire 1980-1981. Il semble que cette somme ait été complètement engloutie entre le 1er avril et le 31 mai puisqu'un supplément de 17 millions a dû être accordé à l'organisme à compter de juin 1980 pour lui permettre de poursuivre ses activités jusqu'au 31 mars 1981[6].

Il est bon de rappeler que, même si le CIUC relevait du ministère de la Justice, il avait obtenu depuis le 1er avril 1979 son autonomie financière et administrative, ce qui lui permettait d'avoir les coudées franches et de contourner les pièges bureaucratiques (les autorisations indispensables pour engager certaines sommes et la paperasserie administrative[7]).

---

5. ANC, Ottawa, Fonds du CIUC, *Rapport financier du CIUC*, Rapport du 31 décembre 1979 signé R. Giroux, et Rapport final 1979-1980 approuvé par R. Rochon.
6. Gouvernement du Canada, *Comptes publics 1980-1981*, p. 14-4 et 14-5. Hanna Pilar, *The Canadian Unity Information Office and You*, Bibliothèque du Parlement, Ottawa, janvier 1981, p. 3.
7. ANC, Ottawa, Fonds du CIUC, *Autorité à dépenser et à payer. Année fiscale 1979-1980*, Note de service, 14 mars 1979.

La première des priorités du CIUC était de prévoir l'achat massif de publicité dans les médias en
général afin d'en limiter l'accès aux forces séparatistes. Dès la fin de l'été 1979, le directeur du CIUC,
Pierre Lefebvre, donnait ordre d'acheter massivement
de la publicité au cours de l'automne 1979 en ajoutant
que cette stratégie demeurait valide pour un référendum au printemps 1980[8].

De plus, l'organisme était extrêmement conscient
de l'importance de la publicité télévisée; le 8 mai 1980,
le gouvernement fédéral estimait avoir dépensé
180 000 $ à la télévision dans la région de Montréal
depuis le 1er avril. Le CIUC notait que, durant cette
période, le gouvernement du Québec avait dépensé
pour sa part 210 000 $[9].

Dans un des rares documents encore conservés,
le CIUC faisait état de contrats accordés à deux firmes
en date du 5 mai 1980, soit deux semaines avant la
tenue du référendum. On y mentionnait que la firme
d'impression Ronalds-Reynolds (dont le siège social
est à Toronto mais qui a des bureaux à Montréal et à
Vancouver) avait obtenu un contrat totalisant 1 544
564 $ dont 1 091 000 $ provenait du CIUC et 453 564 $
de divers ministères.

Une autre firme, Communication P.N.M.D. de
Montréal (dont le p.-d.g. était Jean-Pierre Arvisais),
avait de son côté obtenu un contrat de 1 163 000 $ du
CIUC et 671 138 $ des ministères fédéraux pour faire
de la publicité (en particulier pour répandre le message du ministère de la Santé «Non merci... ça se dit
bien[10]»).

---

8. ANC, Ottawa, Fonds du CIUC, «Note à Ronald Lefebvre», 31 août 1979.
9. ANC, Ottawa, Fonds du CIUC, «Notes de Pierre Lefebvre à Jean
Chrétien», 1er et 8 mai 1980.
10. ANC, Ottawa, Fonds du CIUC, *Personnel & Confidentiel*, 5 mai 1980,
document de 2 pages.

le Canada *MAIS D'ÉGAL A ÉGAL* j'y suis, j'y reste

La Fondation Pro-Canada

Au cours de l'été 1979, la Fondation Pro-Canada annonçait à grand renfort de publicité ses positions fédéralistes, mais certains barbouilleurs souverainistes ne se gênaient pas d'y ajouter un message de leur cru.
Photo Paul-Henri Talbot, *La Presse*.

"Non merci"... ça se dit bie

Un quidam s'en prend, le soir du 20 mai 1980, à la publicité la plus scandaleuse du gouvernement fédéral pendant la campagne référendaire. Le slogan de cette campagne anti-alcoolique «Non merci... ça se dit bien» était un calque du slogan du camp des fédéralistes: «NON merci».
Photo Robert Nadon, *La Presse*.

Le gouvernement fédéral était conscient qu'il serait critiqué à cause de l'ampleur, du contenu et de l'illégalité de la publicité fédérale au cours de la campagne référendaire. Il avait d'ailleurs prévu une réponse toute faite qui se lisait comme suit:

> Nous n'avons pas de leçons à recevoir à ce sujet du PQ qui, de façon systématique, a utilisé les fonds publics pour faire de la publicité qui favorise son option. Prenons comme exemple la campagne publicitaire menée par le ministère de madame Payette. Cette campagne de publicité est orientée vers les femmes qui sont le principal public cible selon le ministre Léger, qui utilise par hasard un vocabulaire qui ressemble étrangement à celui qu'utilise M. Lévesque et le comité du Oui pour vanter et décrire son option. Voici un exemple précis tiré d'un message publicitaire publié le 25 avril 1980: «...une longue et dure épopée, menée par des femmes dont nous pouvons être fières. À nous aujourd'hui d'écrire l'histoire au présent: seuls des changements profonds dans nos conditions de vie de femmes nous donneront un pouvoir réel de gouverner[11]...»

Comme on peut le constater, l'analogie avec la souveraineté du Québec est un peu boiteuse et pourrait figurer dans le guide du parfait désinformateur.

Dans la même note, le gouvernement fédéral expliquait plus candidement que le gouvernement canadien, pour diverses raisons, avait été passablement absent des ondes au cours des derniers douze mois (allusion aux neuf mois de pouvoir du gouvernement Clark) et qu'il était tout à fait normal que la

---

11. ANC, Ottawa, Fonds du CIUC, *Publicité fédérale*, [n.d.], document de 3 pages.

publicité gouvernementale rétablisse le cours normal des choses.

Au cours des années précédant le référendum, le Centre d'information sur l'unité canadienne avait mis en branle toute une série de moyens afin d'attirer l'attention des Québécois.

Parmi ceux-ci, il y avait des expositions régionales itinérantes, des brochures décrivant les services fédéraux à l'intention des groupes spécifiques, des opuscules vantant les mérites du fédéralisme, des campagnes publicitaires à la télévision décrivant les activités et les réalisations des ministères fédéraux, un dossier à l'intention des conférenciers décrivant en détail les activités et les dépenses du gouvernement fédéral dans les neuf régions administratives du Québec, etc.[12]

Le gouvernement fédéral pouvait évaluer presque en tout temps l'évolution constitutionnelle des Québécois et leurs attitudes face au fédéralisme et à l'unité canadienne, car il commandait d'innombrables sondages. Le plus important, au coût de 98 443 $, fut mené par les firmes Sorécom et Decima en décembre 1979, alors que le gouvernement Clark était encore au pouvoir.

De retour au pouvoir en février, le gouvernement Trudeau ne demeura pas en reste puisqu'il commanda neuf sondages, de février à mai 1980, en vue de connaître l'opinion constitutionnelle des Québécois, pour une somme totalisant 115 500 $ et dont la firme CROP fut la principale bénéficiaire[13].

12. ANC, Ottawa, Fonds du CIUC, *Résumé des activités du CIUC*, Lettre de Pierre Lefebvre à Michael Kirby, automne 1978.
13. ANC, Ottawa, Fonds du CIUC, *Public Opinion Surveys Conducted or Planned Since March 1979*, 14 octobre 1980, document de 21 pages.

Ottawa disposait donc de tout un arsenal de moyens pour s'opposer à toute tentative de déstabilisation de l'État central. La plupart de ces outils avaient été élaborés depuis 1977 si bien que l'effort du gouvernement fédéral durant la campagne référendaire consistait à en maximiser le rendement, notamment en rendant accessible, par une distribution à grande échelle, ses documents, brochures et opuscules déjà prêts.

Toutefois, le gouvernement Trudeau, au cours de la campagne référendaire, concentra davantage ses moyens vers les mass media (presse écrite, radio et télévision) par la publicité et la propagande et vers les expositions régionales itinérantes. Il visait ainsi la plus grande inflence possible sur la population québécoise.

C'est au début de mai 1980 que le Parti québécois commença à s'inquiéter sérieusement de l'importance de la publicité et de la propagande du gouvernement fédéral depuis le début de la campagne référendaire, le 15 avril précédent. L'invasion fédérale bafouait le principe de l'égalité des chances entre les deux camps tel que prévu par la Loi sur la consultation populaire. En vertu de ce principe, chacun des camps était limité dans ses dépenses à une somme de 2,1 millions dont la moitié était versée sous la forme d'une subvention par l'Assemblée nationale du Québec.

Lors d'une conférence de presse conjointe, Bernard Landry et Pierre Marc Johnson, représentant le Regroupement national pour le Oui, demandèrent au directeur général du financement des partis politiques, Pierre-Olivier Boucher, d'enquêter sur une série d'actes contraires à la Loi sur la consultation populaire[14].

---

14. Archives du Parti québécois, *Demande d'enquête adressée au directeur général du financement des partis politiques contre une série d'actes dérogatoires du comité du Non*, 1er mai 1980, document de 11 pages.

Les infractions dénoncées allaient de la publication de documents publicitaires ne portant pas la mention de l'imprimeur ni celle de Jean-Pierre Roy, l'agent officiel du comité «Les Québécois pour le Non», comme le spécifiait la loi, jusqu'à l'utilisation et la distribution gratuite, d'une façon généralisée et systématique par les comités de comté du «Non», de documents, études et matériel publicitaires provenant soit du gouvernement du Canada, soit du Parti libéral du Québec, soit d'autres organismes pro-fédéraux.

La loi électorale du Québec et la Loi sur la consultation populaire sont assez pointilleuses sur les dépenses réglementées. Ainsi, les frais engagés avant un référendum pour des écrits, objets ou matériel publicitaires utilisés pendant la période référendaire doivent être comptabilisés dans les dépenses d'un regroupement[15].

Le Regroupement pour le «Oui» avait ainsi intercepté dix-sept documents différents produits par le gouvernement fédéral, six brochures publiées par le Parti libéral du Québec et un document produit par le Comité Pro-Canada[16].

Le 2 mai, le directeur général du financement des partis politiques laissait entendre que des rapports préliminaires lui permettaient de dire que les manquements reprochés avaient été corrigés, ce qui ne l'empêcha pas un peu plus tard d'envoyer des mandataires dans certains locaux du «Non» afin de voir si tout était en règle[17].

15. Directeur général du financement des partis politiques, *Consolidation de la Loi sur la consultation populaire et de la version spéciale de la loi régissant le financement des partis politiques*, Québec, 1980, art. 29, p. 12.
16. Les sujets qu'on y traitait portaient aussi bien sur le fédéralisme que sur l'agriculture, le troisième âge, les richesses naturelles, l'indépendance, la souveraineté et l'union monétaire.
17. Huguette Laprise, «Boucher: la situation est corrigée», *La Presse*, 3 mai 1980, p. A 9. Pierre-Paul Gagné, «Des mandataires de Boucher ont "visité" des comités du Non», *La Presse*, 10 mai 1980, p. A 1.

Il appert que le comité «Les Québécois pour le Non» avait fait son possible pour respecter la loi. Dès le 18 avril, l'agent officiel du «Non», Jean-Pierre Roy, avait envoyé une note de service dans tous les comtés pour les aviser de ne pas garder d'autre matériel que celui du comité des Québécois pour le «Non»[18].

Le 28 avril, lors d'une réunion du Comité de coordination du Comité pour le «Non», l'organisation faisait état de la présence dans plusieurs locaux du «Non» de matériel venant d'autres formations que celle du comité officiel. Mais on ajoutait que «les documents du fédéral qui ne parlent pas du référendum mais qui vantent le Canada pouvaient être utilisés[19]».

Plus tard, le 5 mai, à la suite d'une rencontre avec le directeur général du financement des partis politiques, Jean-Pierre Roy faisait parvenir une *night letter* (*sic*) à tous les agents locaux du «Non» leur demandant de ne pas utiliser les documents fédéraux[20].

Peu de temps après, Pierre-Olivier Boucher annonçait son intention de poursuivre le gouvernement fédéral pour avoir diffusé des messages publicitaires allant à l'encontre de la Loi sur la consultation populaire dont, entre autres, le fameux tract du ministère canadien de la Santé intitulé «Non merci... ça se dit bien» qui accompagnait les chèques d'allocation familiale et qu'on pouvait voir sur un très grand nombre de panneaux-réclames partout au Québec[21].

Le 10 mai, le directeur général du financement des partis politiques déposa devant la Cour provinciale une requête en injonction provisoire et interlocutoire contre Mediacom pour avoir affiché les pan-

---

18. Archives du parti libéral du Québec, Les Québécois pour le Non, Comité de coordination, «Procès-verbal», 18 avril 1980.
19. *Ibid.*, 29 avril 1980.
20. *Ibid.*, 5 mai 1980.
21. André Pépin, «Publicité référendaire: Boucher décide de poursuivre le fédéral», *La Presse*, 12 mai 1980, p. A 10.

neaux publicitaires: «Non merci... ça se dit bien», (signé) Santé et Bien-être social, Canada, dont les frais n'étaient pas comptabilisés dans les dépenses du Comité du «Non» et qui favorisaient directement une option soumise à la consultation populaire.

Stéréo Laval inc., propriétaire de CFGL-FM, était également visée pour avoir diffusé un grand nombre de messages publicitaires commandités par le gouvernement canadien, et le journal *La Presse* était pointé du doigt pour avoir publié un certain nombre d'annonces d'Ottawa (entre autres, celle intitulée «On est deux milliards[22]»).

Cette dernière publicité qui avait pour objet de montrer l'existence de nombreux États fédéraux à travers le monde, certains, comme le Brésil et l'Argentine, gouvernés par des dictatures militaires avait particulièrement mis mal à l'aise le chef du Regroupement pour le «Non», Claude Ryan. Tout en se disant d'accord pour que le gouvernement fédéral informe les citoyens sur les services offerts, il s'interrogeait sur «l'effet subliminal» de certaines formules ou certains slogans[23].

En se présentant devant la Cour provinciale, Pierre-Olivier Boucher avait commis un impair puisque, le 13 mai, le juge Gérald McCarthy le débouta de sa requête en injonction interlocutoire provisoire en lui signalant qu'il s'était trompé d'instance, car seul le Conseil du référendum possède la «juridiction exclusive pour connaître toute procédure judiciaire relative à l'application de la loi sur la consultation populaire[24]».

---

22. Fonds du Parti libéral du Québec, *Requête pour injonction provisoire, Requête pour injonction interlocutoire et Déclaration sur action en injonction,* Cour supérieure, Pierre-Olivier Boucher c. Mediacom, Stéréo Laval inc., La Presse ltée, 10 mai 1980, document de 8 pages.
23. «Des cas limites», *La Presse,* 13 mai 1980, p. A 9.
24. Archives du Parti libéral du Québec, *Jugement du Conseil du référendum,* Montréal, 16 mai 1980, p. 2.

L'après-midi du même jour, le directeur général du financement des partis politiques présenta sa requête devant le Conseil du référendum qui était composé de trois juges de la Cour supérieure (Alan B. Gold, Georges Chassé et Gaston Rondeau). Ceux-ci rendirent une décision le 16 mai, qui se résumait ainsi:

> Nulle loi n'a d'effet sur les droits de la Couronne, à moins qu'ils n'y soient expressément compris [...] ou encore à moins de l'avoir acceptée, ce qui n'est pas le cas ici, en sorte que même le Gouvernement du Québec n'est pas lié par la Loi sur la consultation populaire [...] A *fortiori*, le Gouvernement du Canada n'est pas lié par la législation du Québec à moins de l'avoir acceptée, ce qui pour lui aussi n'est pas le cas. Partant de ce principe, les dépenses encourues par le Gouvernement du Canada, même si elles favorisent ou défavorisent «directement ou indirectement, une option soumise à la consultation populaire» (article 27 du chapitre 6) ne peuvent être des dépenses réglementées [25].

Ce jugement montre à quel point le gouvernement Lévesque avait mal évalué la portée de sa loi. Pensait-il naïvement que le gouvernement fédéral aurait laissé passer cette consultation populaire sans réagir et sans intervenir? Nous étudierons plus à fond cette question dans le prochain chapitre.

À l'issue du référendum, l'ex-député Claude Forget, bras droit de Ryan, a tenté de minimiser l'importance des dépenses fédérales durant la campagne référendaire en expliquant que le Parti québécois jouait un jeu hypocrite dans cette affaire puisque lui-même avait utilisé le personnel politique des 29

---

25. Archives du Parti libéral du QUÉBEC, *Jugement du Conseil du référendum*, Montréal, 16 mai 1980, document de 7 pages.

ministères (10 personnes par cabinet en moyenne), payé par l'État, durant la campagne[26].

En mentionnant ce fait, Claude Forget oubliait d'indiquer que le personnel politique du Parti libéral à l'Assemblée nationale, de même que celui de l'Union nationale et celui du chef des démocrates-créditistes Camil Samson, travaillait pour les forces du «Non» pendant la campagne référendaire.

De plus, le directeur général du financement des partis politiques, Pierre-Olivier Boucher, avait indiqué en mars 1980 que la coutume établie depuis les élections générales de 1966 prévoyait que les membres d'un cabinet puissent vaquer à leurs obligations qui sont par nature politiques. «La règle est la même que celle des députés qui reçoivent leur salaire même pendant une campagne électorale[27]».

Le «monitoring»

Les mass media sont certes capables d'assurer la diffusion d'informations, d'éveiller les curiosités, de susciter de nouveaux intérêts, d'accroître l'instruction, d'intégrer l'individu à sa région, à son pays, mais ils sont capables aussi de manipuler, de dégrader, d'aliéner dans tous les sens du terme. On peut manipuler psychologiquement un individu pour lui faire accepter une guerre ou une idéologie particulière, note Jean Schwoebel[28].

---

26. Elliott J. Feldman, *The Quebec referendum: What happened and what Next? A dialogue the day after with Claude Forget and Daniel Latouche,* University Consortium for Research on North America, Harvard University, 21 mai 1980, p. 32.
27. Claude-V. Marsolais, «Projet de code d'éthique référendaire», *La Presse,* 7 mars 1980, p. A 2.
28. Jean Schwoebel, *La presse, le pouvoir et l'argent,* Paris, Éditions du Seuil, 1968, p. 270.

Le Centre d'information sur l'unité canadienne n'a pas hésité à utiliser certaines techniques de manipulation en inaugurant le «monitoring» régional.

Comme son nom l'indique, le «monitoring» est une activité de surveillance, bien connue des milieux policiers. Le CIUC a eu le génie de pousser cette technique sur une base régionale. L'idée lui est venue lorsqu'il a pris conscience, dans les années précédant le référendum, qu'une certaine incompréhension des politiques fédérales ou des critiques à l'endroit du gouvernement fédéral, émises souvent par le Parti québécois au pouvoir, pouvaient surgir dans les petites villes ou les communautés rurales, au point de devenir irritantes, surtout pour Ottawa[29].

Le Centre d'information sur l'unité canadienne a donc mis sur pied, sur une base expérimentale, un réseau de «monitoring» au Québec qui employait dix personnes et dont le rôle était de surveiller les médias dans une région donnée. Ces agents avaient pour tâche d'analyser le contenu de la presse écrite et parlée et de faire un rapport des critiques plus ou moins malveillantes à l'endroit du gouvernement fédéral, rapport qu'ils faisaient parvenir à un officiel du CIUC en poste dans la province.

Celui-ci, à son tour, examinait ces critiques et en faisait un rapport détaillé (de 25 à 50 rapports par semaine) à Ottawa qui s'occupait alors de préparer une réplique. Cela était d'autant plus aisé au CIUC qu'il était le maître-d'œuvre de l'information au gouvernement fédéral, coordonnant toutes les activités dans ce secteur, la publicité, les déclarations des ministres, les communiqués de presse, etc.

---

29. Hanna Pilar, *The Canadian Unity Information Office and You*, Ottawa, Bibliothèque du Parlement, janvier 1981, document de 40 pages.

Les réponses aux critiques pouvaient prendre une variété de formes selon la complexité du cas. Quelquefois, le CIUC avisait le ministère responsable et demandait au ministre titulaire de répondre ou encore de rectifier les faits concernant un programme ou une politique. Parfois, des spécialistes non gouvernementaux étaient appelés à donner une opinion ou des explications détaillées.

Dans certains cas, le CIUC préparait la réponse et demandait au député de la circonscription d'où émanait la critique d'en faire un dernier examen et de signer la réponse; elle était ensuite envoyée à un média local.

Les quotidiens ou les hebdomadaires régionaux s'empressent généralement de publier les lettres leur parvenant d'un député local ou d'un ministre, et ce d'autant plus rapidement que le sujet est local, que le politicien est perçu comme un membre prestigieux de la communauté et aussi parce que les petits médias ont très peu de personnel et qu'ils sont souvent prêts à publier toutes sortes de nouvelles qui leur parviennent gratuitement.

Le directeur de ce service au CIUC, Michel Tremblay, affirmait qu'il s'agissait de quelque chose de tout à fait nouveau qui n'avait jamais été fait auparavant. «Le principal objectif de ce service était de rehausser la présence fédérale dans les régions[30]», constatait-il.

Certes, le «monitoring» était une façon pour le gouvernement fédéral de rehausser son image, d'éviter que des programmes ou des règlements fédéraux soient mal compris et attaqués, et de permettre aux députés d'être plus attentifs au pouls de leur comté.

Mais il recelait également un danger certain: celui de répandre des opinions aussi bien que des faits. Or,

---

30. Hanna Pilar, *op. cit.*, p. 25.

puisque le CIUC avait été mis sur pied comme un appareil idéologique pour défendre le fédéralisme, il semblait évident dès le départ que ce moyen avait comme objectif de manipuler l'opinion. De là à prétendre que le «monitoring» soit devenu un outil de propagande pour ne faire voir qu'un seul point de vue ou pour polir l'image du Parti libéral du Canada (74 députés sur 75 au Québec), il n'y a qu'un pas que d'aucuns ont franchi[31].

Intimidation et vandalisme

Au cours de la campagne référendaire, les deux camps se sont mutuellement accusés d'avoir utilisé des tactiques d'intimidation et d'avoir recouru à des actes de vandalisme.

C'est le chef du «Non», Claude Ryan, qui ouvrit les hostilités en déclarant le 2 mai que les tactiques d'intimidation employées par des partisans du Oui s'inspiraient des tactiques fascistes

Il fit état d'actes de vandalisme dont les partisans du Non furent victimes, d'appels téléphoniques anonymes, de harcèlement, de vitres brisées, d'affiches arrachées, de placards publicitaires maculés et d'assemblées perturbées[32].

Deux jours plus tard, le 5 mai, René Lévesque dévoilait une soixantaine de cas de violence et de vandalisme dont les partisans du «Oui» avaient été victimes. Ces cas variaient de menaces de mort et de viol à la destruction de panneaux publicitaires, aux

---

31. Perrin Beatty et Bill Jarvis, députés conservateurs à l'époque, ont soutenu que cette opération de «monitoring» les troublait profondément. Voir Hanna Pilar, *op. cit.*, p. 26-27.
32. «Ryan reproche aux tenants du Oui leurs tactiques de type "fascisant"», *Le Devoir*, 3 mai 1980, p. 8; Marina Strauss, «Ryan linkens yes side's tactits to fascism», *The Globe and Mail*, 3 mai 1980, p. 11.

dommages sur des automobiles, au bris de vitres, au barbouillage de murs, etc.[33]

Le chef du «Oui» expliqua qu'il répliquait à son vis-à-vis afin qu'il cesse de jouer au martyr. «M. Ryan veut se faire du capital politique avec des affaires qui relèvent de la compétence de la police.»

Il accusa même le camp adverse de créer et d'entretenir un climat de désordre et de confrontation en le suspectant d'avoir organisé des affrontements sur le passage de Ryan dans les centres commerciaux entre partisans du «Oui» et du «Non» afin que ces scènes disgracieuses soient croquées par les caméras de télévision[34].

En réalité, Lévesque était peu disposé à faire état publiquement des actes de violence commis de part et d'autre parce qu'il pensait que cela ne ferait que jeter de l'huile sur le feu.

Il semble qu'il ait eu raison puisque vers la fin de la campagne référendaire, le camp du «Oui» avait colligé quelque 60 autres cas de violence, dont quelques-uns encore plus graves comme des voies de fait sur des personnes, des coups de feu, la destruction de locaux du «Oui»[35].

Indépendamment des derniers faits, il ressort clairement que le gouvernement fédéral ne s'est pas contenté de «regarder passer le train» pendant la campagne référendaire.

Il a dépensé plus du triple du montant permis aux deux comités officiels (11 millions de dollars contre 4,2 millions) pour inciter les Québécois à voter non à un mandat de négocier la souveraineté-association. Ses véritables intentions étaient, comme la suite des événe-

---

33. Archives du Parti québécois, *Actes de vandalisme*, 1er rapport (58 cas), 5 mai 1980.
34. «Lévesque accuse le NON de créer un climat de désordre», *Le Devoir*, 6 mai 1980, p. 1.
35. Archives du Parti québécois, *Nouveaux cas de vandalisme*, 2e rapport (cas n° 9 à 123), [n.d.].

ments l'a prouvé, tout à fait machiavéliques. Il promettait de renouveler le fédéralisme, mais sans préciser la nature et l'ampleur des changements qu'il envisageait. En réalité, ses véritables intentions étaient de s'assurer le maintien du *statu quo* sur le plan constitutionnel.

Les juges du Conseil du référendum, en se basant sur la loi sur la consultation populaire, ont reconnu la légalité de l'intervention financière du gouvernement fédéral. Mais son geste était carrément immoral, pour ne pas dire illégitime, puisqu'il contredisait le principe même du fédéralisme basé sur l'autonomie et la souveraineté des États-membres, consacrées par Londres.

En fait, le gouvernement Trudeau a mené une campagne parallèle à celle du comité officiel du «Non», ce qui déséquilibrait considérablement l'égalité prévue dans les règles du jeu référendaire.

Certes, le gouvernement fédéral avait le droit d'exprimer son point de vue sur l'enjeu référendaire; ses représentants l'ont d'ailleurs fait abondamment en prenant la parole aux Communes ou lors des assemblées pour le «Non». Mais en utilisant sans vergogne l'argent des contribuables à des fins partisanes, il commettait ce que l'on pourrait appeler un *hold-up* des consciences québécoises et il niait en pratique ce qu'il acceptait en théorie, à savoir le droit du Québec de déterminer lui-même son statut politique.

En ce qui concerne le gouvernement Lévesque, l'on peut dire qu'il s'est floué lui-même avec sa Loi sur la consultation populaire en pensant naïvement que ses ennemis jurés, les fédéralistes intransigeants que l'on retrouve dans certaines couches de la société, plus particulièrement au sein du patronat, et le gouvernement Trudeau, allaient en respecter les règles. Sur le plan de la moralité politique, il en sort grandi, mais l'Histoire, cruelle et implacable, ne retient que les vainqueurs et les vaincus, la pureté politique ayant valeur d'innocence.

CHAPITRE VI

Les hauts et les bas
de la campagne du Oui
(du 20 décembre 1979 au 20 mai 1980)

En dévoilant la question référendaire le 20 décembre 1979, René Lévesque savait qu'il avait un défi presque insurmontable à relever. Même si son gouvernement était encore largement populaire auprès de la population, son parti, le Parti québécois, tirait de l'arrière dans les intentions de vote, ce qui signifiait que l'option constitutionnelle qu'il véhiculait avait du plomb dans les ailes.

Or la précipitation d'une élection fédérale venait encore plus compliquer le jeu.

Il aurait été loisible au gouvernement québécois d'annuler le référendum, mais René Lévesque est un homme de parole. Il ira de l'avant, préférant risquer d'y perdre sa chemise et celle de son peuple plutôt que d'être traité de girouette.

La plus lourde tâche du gouvernement Lévesque était d'essayer de convaincre plus de 60 p. 100 des Québécois francophones de voter oui pour compenser une quasi-unanimité de non chez les anglophones et les allophones, qui représentent environ 18 p. 100 de la population. Sans compter les autochtones.

Les raisons pour lesquelles les anglophones font bloc contre l'émancipation politique sont bien con-

nues des francophones. Ils nous ont conquis et se con-
duisent comme nos maîtres conservant leurs droits et
privilèges (droits à leur langue, à leurs institutions
scolaires et de santé). Ne disaient-ils pas au siècle dernier qu'un peuple anglais ne peut jamais être vaincu
par un peuple français[1]?

Les raisons qui incitent les allophones à voter
pour le «Non» sont souvent mal connues des francophones. Ce ne sont pas les lois 22 et 101 (adoptées en
1974 et 1978) obligeant les enfants d'immigrants à fré-
quenter les écoles françaises qui auraient pu faire
changer l'issue du vote référendaire des allophones en
1980. Il faudra sans doute des dizaines d'années avant
que les mentalités changent.

L'écrivain et philosophe d'origine italienne Marco
Micone a été celui qui a le mieux cerné l'état d'âme des
allophones lors du référendum en signalant que, lors
de l'arrivée de milliers de ses compatriotes dans les
années 50, «la myopie du régime Duplessis était à ce
point grave que les autorités scolaires anglophones
purent en toute liberté ourdir de mettre en œuvre
l'ultime stratagème pour aggraver la minorisation
francophone à l'échelle canadienne et accroître le
nombre de parlants anglais[2]».

Tout peuple qui se respecte sait d'instinct que la
principale voie d'intégration de ses immigrants passe
par l'école. Or, «dans le système scolaire catholique
québécois, aux relents ultramontains du XIXe siècle, on
refusait tout étranger fût-il francophone si celui-ci
n'avait pas la même foi», rappelle Micone. Les choses
n'ont pas tellement changé à la principale commission
scolaire de l'île de Montréal, la Commission des écoles

---

1. Maurice Séguin, *L'idée d'indépendance au Québec. Genèse et historique*,
Trois-Rivières, Boréal Express, 1968, p. 24.
2. Marco Micone, «Pourquoi les Italiens voteront "non" au référendum»,
La Presse, 30 avril 1980, p. A 6.

catholiques de Montréal, qui est encore dominée par une variante de l'ultramontanisme du siècle passé.

Le paradoxe, constate Micone, c'est que ces mêmes parents qui envoient leurs enfants à l'école anglophone, symbole de la réussite, vivent et travaillent avec des francophones et si jamais ils réussissaient à apprendre une langue d'ici, ce serait celle de leurs compagnons de travail. «La machination a réussi. D'une part, les anglophones ont gagné des appuis politiques massifs au sein des immigrés sans être menacés au plan économique ni dérangés au plan social puisqu'ils vivent dans des quartiers francophones.»

Cette constatation peut très bien convenir à d'autres ethnies. Ce n'est donc pas en quelques années que l'on peut convertir les immigrants à la cause souverainiste dans un tel contexte. Ce l'était d'autant moins en 1980 alors que les francophones venaient à peine de changer les règles du jeu. Les politicologues André Blais et Richard Nadeau ont d'ailleurs démontré que seulement 5 p. 100 des non-francophones (anglophones et allophones) ont adhéré au «Oui» lors du référendum de mai 1980[3].

Ce qui est plus étonnant, c'est que les autochtones aient voté non à 86 p. 100, et cela dans une proportion respectable (au-delà de 50 p. 100) et malgré les directives de leurs chefs qui avaient recommandé l'abstention. Ce sont les Cris, les Attikameks, les Mohawks de Kanahwake, les Micmacs de Restigouche et les Inuit qui ont voté le plus pour le «Non»[4].

Au début de janvier 1980, le gouvernement péquiste avait résolu de passer à l'attaque après avoir été indolent pendant trois années sur la question consti-

3. André Blais, Richard Nadeau, «La clientèle du Oui», dans *Comportement électoral au Québec*, Jean Crête (dir.), Chicoutimi, Gaëtan Morin éditeur, 1984, p. 323.
4. «Les Indiens ont voté «non» à 86%», *La Presse*, 3 juillet 1980, p. A 5.

tutionnelle. Il mit d'abord sur pied sa structure de fonctionnement référendaire et il s'employa à miner la crédibilité de Claude Ryan, chef de l'Opposition à l'Assemblée nationale, dont la popularité était à son plus fort.

La structure de l'organisation

Sur le plan organisationnel, on structura, en janvier 1980, le comité de campagne référendaire d'une façon très centralisée. Les militants de la base étaient d'accord avec cela, mais ils critiquaient l'absence de leadership politique et technique. Ils estimaient que le premier ministre et les ministres considéraient trop la préparation du référendum comme une tâche secondaire et qu'en l'absence de directives précises, tout un chacun s'improvisait chef et personne ne s'occupait du suivi des décisions.

Michel Carpentier qui faisait le lien avec le parti et les militants tenta de secouer la répulsion de Lévesque envers le parti en l'exhortant à «réaffirmer sa foi pour tout ce qui est relié au mandat de votre comité référendaire». Il lui prépara un horaire allégé, prévoyant une rencontre mensuelle avec le Comité référendaire et hebdomadaire avec le comité d'organisation, mais limitée à une heure[5].

La direction des opérations fut confiée à des techniciens qui travaillaient déjà pour le gouvernement, au bureau du premier ministre.

Louis Bernard s'occupait de la fonction parlementaire et gouvernement, Jean-Roch Boivin de l'analyse politique et de l'élaboration de la stratégie, Michel Carpentier et Raymond Bachand de la réalisa-

---

5. Gouvernement du Québec, Cabinet du premier ministre, *La structure de fonctionnement*, «Note à René Lévesque de Michel Carpentier», 8 janvier 1980.

tion sur le terrain et de la coordination. Sur le plan régional, on avait mis sur pied des comités régionaux du référendum qui relevaient d'un ministre et d'un responsable technique. Une fois la semaine à compter de la mi-janvier, un comité formé du premier ministre Lévesque, des ministres Jacques Parizeau, Pierre Marois, Marc-André Bédard et Claude Morin, et d'un certain nombre de techniciens de l'appareil gouvernemental se réunissaient pour discuter de stratégie et de tactique[6].

En plus d'utiliser les canaux normaux du gouvernement, c'est par l'intermédiaire de la Fondation des Québécois pour le «Oui» que les tenants de la souveraineté-association firent la promotion de leur thèse, du moins jusqu'à l'émission du bref référendaire, le 15 avril. En février, la Fondation disposait d'une somme de 822 000 $ provenant des fonds généraux du Parti québécois (410 000 $), des membres du PQ (250 000 $), des comtés péquistes (112 000 $) et de dons individuels (50 000 $[7]).

Déjà, depuis la mi-octobre 1979, on avait commencé à engager ces fonds dans des campagnes publicitaires dans les journaux, à la radio et à la télévision, pour la location de panneaux-réclames et pour des campagnes auprès de clientèles cibles comme les femmes et les jeunes[8].

Un appui discret aux libéraux fédéraux

Comme nous l'avons indiqué dans un chapitre précédent, la stratégie préréférendaire à deux niveaux

6. *Ibid.*
7. *Ibid.*, p. 4.
8. Archives nationales du Québec (ANQ), Québec, Fonds Jean-François Bertrand, *Comité référendaire du premier ministre*, Situation financière, Fondation des Québécois pour le Oui, annexe I, p. 4.

Dans le quartier chinois de Montréal, le ministre Claude Morin serre la main à un employé des postes à l'occasion de la présentation, vers la fin de la campagne référendaire, d'une pétition de 1 300 fonctionnaires fédéraux en faveur du Oui.

Photo Robert Mailloux, *La Presse*.

Le camp du Non avait axé sa stratégie de campagne sur les grandes assemblées comme celle-ci qui s'est tenue à Laval, le 10 mai 1980.

Photo Armand Trottier, *La Presse*.

du gouvernement Lévesque, qui consistait, d'une part, à ne pas tenir la campagne référendaire alors qu'une élection fédérale se préparait, et, d'autre part, à éliminer la présence de Trudeau comme chef du gouvernement fédéral, avait lamentablement échoué par l'incurie des principaux ténors du gouvernement qui semblaient indifférents aux événements qui se déroulaient à Ottawa, notamment concernant la question du budget fédéral qui amena la défaite du gouvernement conservateur.

Or, pendant la campagne électorale fédérale, le Parti québécois aurait eu beau jeu de peser de tout son poids dans la défaite de candidats libéraux.

Il n'en fit rien, mais il fit pire encore. Au lieu d'appuyer le Crédit social ou encore l'Union populaire, une formation indépendantiste qui avait fait campagne sur la scène fédérale au printemps 1979, il prit une position de neutralité bienveillante à l'endroit des libéraux de Pierre Elliott Trudeau, allant même jusqu'à faire des «appels du pied» à l'endroit de certains candidats libéraux dans des comtés de la région de Québec et du Nord-Ouest[9].

C'était une position éminemment tactique dont l'objectif était de miner la popularité de Ryan dans les sondages, un sondage IQOP publié le 16 décembre 1979 ayant révélé que 50,9 p. 100 des personnes interrogées appuyaient le Parti libéral du Québec contre 32,2 p. 100 le Parti québécois[10]. Les dirigeants péquistes étaient convaincus qu'en facilitant la réélection de Trudeau comme chef de gouvernement, celui-ci éclipserait rapidement Ryan au point que ce dernier

9. Bernard Descoteaux, «Les péquistes et Trudeau: un revirement», *Le Devoir*, 22 janvier 1980, p. 1 et 2. Le journaliste avait obtenu des informations privilégiées d'organisateurs péquistes.
10. Jean Crête (dir.), *Comportement électoral au Québec*, Chicoutimi, Gaëtan Morin éditeur, 1984, p. 107.

deviendrait un homme de seconde zone. Sachant que les deux hommes n'avaient pas la même conception du fédéralisme, le PQ semblait croire que cela cristalliserait l'opposition des Québécois au régime fédéral[11].

En facilitant l'entrée «du loup dans la bergerie», les dirigeants péquistes commettaient une faute grave pour l'avenir du Québec et laissaient entrevoir que leur dessein pouvait être plus électoraliste que référendaire. Mais dans l'immédiat, ils avaient une bonne cause entre les mains et ils firent tout pour démolir la crédibilité du chef libéral québécois.

Une occasion en or se présenta en janvier, lorsque les propositions constitutionnelles (le Livre beige) du Parti libéral du Québec furent dévoilées prématurément le 9 janvier 1980.

Lévesque sauta sur l'occasion pour déclarer que le document libéral signifiait un recul «au pas de galop» par rapport aux demandes traditionnelles du Québec depuis les vingt dernières années, notamment dans les domaines culturel, linguistique, social et économique. Selon lui, le document, en prônant que tous les partenaires soient fondamentalement égaux, ramenait le Québec au niveau de l'Île-du-Prince-Édouard[12].

Quelques jours plus tard, le 15 janvier, le Parti québécois revenait à la charge alors que le président de la direction nationale, Philippe Bernard, et le conseiller au programme, Pierre Harvey, notaient que la commission Pépin-Robarts avait au moins réduit le problème du Québec à des revendications régionalistes, ce qui n'était pas le cas du Livre beige qui faisait du Québec une province comme les autres[13].

---

11. Robert Barberis, Pierre Drouilly, *Les illusions du pouvoir*, Montréal, Éditions Sélect, 1981, p. 104.
12. Rodolphe Morissette, «Lévesque: le projet Ryan constitue un recul», *Le Devoir*, 12 janvier 1980, p. 1. Voir aussi René Lévesque, *Oui*, Montréal, Éditions de l'Homme, 1980, p. 191-203.
13. Rodolphe Morissette, «Le PQ reproche à Ryan de faire du Québec "une province comme les autres"», *Le Devoir*, 15 janvier 1980, p. 7.

La tactique de bienveillance à l'endroit des libéraux fédéraux et d'attaque à l'égard des libéraux provinciaux semble avoir porté fruit puisque, quelques jours après le scrutin fédéral du 18 février, Claude Ryan déplorait que les nationalistes et les péquistes ne savaient pas se brancher lors d'une élection fédérale.

«Ces séparatistes votent dans toutes les directions depuis huit ans quand ils ne préconisent pas l'annulation ou l'abstention[14]», déclarait-il en commentant les élections fédérales qui avaient donné 74 députés libéraux sur 75 au Québec.

Cette alliance sous la table ne devait pas tarder à faire boomerang et à affaiblir les rangs du «Oui» au référendum.

Le répit de deux mois en janvier et février 1980, après le dévoilement de la question référendaire avant Noël, fut bénéfique au gouvernement Lévesque. Il lui permit de réaliser le travail d'organisation laissé en plan durant l'automne et de préparer avec soin et minutie le débat télévisé d'une durée de 35 heures qui devait débuter le 4 mars à l'Assemblée nationale.

Le débat référendaire

Dès la veille du début du débat, le gouvernement Lévesque pouvait se réjouir d'avoir fait un converti de taille en la personne du chef de l'Union nationale, Rodrigue Biron, qui se prononça publiquement en faveur du oui au référendum et qui démissionna de son parti pour siéger comme indépendant.

Dans son allocution à l'Assemblée nationale, M. Biron déclara qu'il démissionnait parce que l'Union nationale refusait le rendez-vous que lui avait fixé

---

14. «Les Canadiens ont voté sur le leadership, dit Ryan», Le Devoir, 22 février 1980, p. 1.

Daniel Johnson. «Avec lui, avec son héritage et avec ceux qui ont cru en lui, je me battrai donc, à compter de cet instant précis, avec, auprès et pour les tenants du Oui, du Oui au Québec et du Oui à l'avenir[15].»

Dans la préparation du débat, les discours des orateurs péquistes furent divisés selon quatre thèmes précis: les avantages économiques de la souveraineté-association, la critique du fédéralisme, le rappel historique de la situation des Québécois francophones et un appel général à la solidarité[16].

Claude Charron, le leader ministériel en Chambre, préparait, coordonnait et dirigeait ses orateurs, contrôlait le rythme du débat et changeait l'ordre des discours selon les réactions des députés de l'opposition.

Le premier ministre Lévesque, dans son allocution d'ouverture, supplia les Québécois de surmonter leurs sentiments de crainte et leur fit valoir les avantages du principe de l'égalité fondamentale des deux peuples qui composent le Canada:

> ...le oui, c'est l'assurance, enfin, d'un déblocage, c'est l'ouverture à un changement qui s'inscrit dans la continuité du développement et de la maturation de tout un peuple, c'est la claire proclamation d'une volonté d'égalité et d'égalité vécue ailleurs que seulement sur le papier, c'est la condition d'une certitude définitive pour la sécurité culturelle avec des chances de plein épanouissement de cette culture...Ce oui, c'est en même temps un meilleur équilibre et un partage plus équitable dans le «partnership» économique avec le reste du Canada[17].

---

15. «Biron dira Oui pour que le Québec et le Canada vivent d'égal à égal», *La Presse*, 4 mars 1980, p. A 10.
16. Graham Fraser, *Le Parti québécois*, Montréal, Libre Expression, 1984, p. 244.
17. Assemblée nationale du Québec, «Journal des débats», 4 mars 1980, p. 4962-4969.

Guy Bisaillon, l'un des orateurs péquistes, constatait que le débat avait été orienté essentiellement sur l'argumentation, la communication d'informations, le développement de raisonnements plutôt que sur la question proprement dite. «Le débat référendaire s'adressait vraiment à l'intelligence des Québécois[18].»

Il y eut, nous l'avons déjà mentionné, un accroc de taille durant cette période. Lise Payette, ministre de la Condition féminine, alla beaucoup trop loin dans la dénonciation des modèles sexistes contenus dans les manuels scolaires, personnifiés par la petite Yvette, timorée et soumise, prisonnière du foyer familial, en déclarant, lors d'une assemblée publique le 9 mars à Montréal que «Claude Ryan était le genre d'hommes qu'elle haït puisqu'il va vouloir des Yvettes plein le Québec...» et il «est d'ailleurs marié à une Yvette[19]».

Cette remarque déclencha la colère de l'éditorialiste du *Devoir*, Lise Bissonnette, qui écrivit des commentaires dévastateurs en affirmant que Mme Payette aurait dû s'informer avant de s'en prendre à Madeleine Ryan qui, loin d'être une Yvette, était membre du Conseil supérieur de l'Éducation et qu'elle avait déjà participé en 1977 aux travaux de la Commission pontificale Justice et Paix.

Cet incident permit aux femmes libérales d'amorcer la riposte aux forces du «Oui» comme nous l'avons mentionné dans le chapitre IV. Il devait, à cause de ses «fracassants effets» sur la campagne référendaire, briser la carrière politique de Lise Payette.

N'empêche que, prise dans son ensemble, la performance des péquistes lors du débat à l'Assemblée

---

18. Guy Bisaillon, *Le référendum québécois et les conditions du changement*, Bibliothèque de la Législature, Québec, janvier 1983, p. 42. Voir aussi du même auteur, *Pourquoi OUI*, Édition des 67+, 1980, 143 p.
19. Graham Fraser, *op. cit.*, p. 247-248. *Voir aussi* Lise Payette, *Le Pouvoir? Connais pas!*, Montréal, Éditions Québec/Amérique, 1982, p. 80-84.

nationale fut «glorieuse» et contrasta avec l'impression de négligence affichée par les députés libéraux qui se contentèrent de qualifier de malhonnête la question référendaire et de discourir sur le séparatisme.

Le débat se termina le 20 mars alors que l'Assemblée nationale adoptait la question référendaire, légèrement amendée par Rodrigue Biron afin de clarifier l'hypothèse d'un second référendum.

Celui-ci, après entente avec les stratèges péquistes, avait proposé le 13 mars de remplacer le paragraphe suivant de la question: «Tout changement de statut politique résultant de ces négociations sera soumis à la population par référendum» par «Aucun changement de statut politique résultant de ces négociations ne sera réalisé sans l'accord de la population lors d'un autre référendum». Évidemment, les députés péquistes n'y virent pas d'objection et l'amendement fut adopté par 68 voix contre 37[20].

Les sondages démontrèrent que le camp du «Oui» avait gagné la première manche[21]. Un sondage interne du Parti québécois révéla qu'au début d'avril le «Oui» menait sur le «Non» par 46 p. 100 contre 43 p. 100 ce qui constituait une progression de 3 p. 100 pour le «Oui» depuis février. Jusqu'à ce moment, tous les espoirs étaient permis, mais c'était compter sans la lassitude des militants péquistes et le déchaînement sans précédent des fédéraux d'Ottawa.

Après la campagne de financement du Parti québécois qui se tint en mars et qui permit de recueillir plus de 3 millions de dollars, la direction de l'organisation créa beaucoup de mécontentement auprès des

20. Assemblée nationale du Québec, *Débats de l'Assemblée nationale*, Discours de Rodrigue Biron, 13 mars 1980, p. 5233. Mise aux voix de la motion d'amendement, le 20 mars 1980, p. 5402.
21. René Lévesque, *Attendez que je me rappelle...*, Montréal, Éditions Québec/Amérique, 1988, p. 407. Un sondage IQOP rendu public par *Le Soleil* le 16 mars donnait 47,4 p. 100 au Oui contre 43,6 p. 100 au Non.

militants en les incitant par la suite à vendre des cartes de membres à 2 $ pour adhérer au Regroupement national pour le «Oui».

L'idée des regroupements par milieu de vie et de travail était en soi une trouvaille géniale en ce que de tels regroupements donnaient un exemple concret de solidarité[22]. Le mouvement connut d'ailleurs un succès phénoménal puisque au-delà de 8 000 regroupements furent créés, regroupant 300 000 personnes[23], attestés par des certificats émis par le Regroupement national pour le «Oui» et décernés, au gré des déplacements de sa campagne, par René Lévesque en personne.

Mais les militants engagés dans la campagne pour le «Oui» étaient essoufflés après avoir été mobilisés dans une campagne de financement pour le Parti québécois au cours du mois de mars.

Un rapport d'étape rédigé après la première semaine de la campagne référendaire révèle que les militants «sont très réticents à s'embarquer dans la campagne d'adhésion et à vendre des cartes. Ils ont l'impression de faire une autre campagne[24]».

Le député de Sainte-Marie, Guy Bisaillon, dira que ce fut une campagne décevante pour les militants habitués à faire du porte-à-porte. «Il ne s'agit pas de convaincre, dira-t-il, il ne s'agit pas d'expliquer, il s'agit de remplir des cartes, d'authentifier des diplômes et d'organiser, à grand renfort de temps, d'énergie et de ressources financières des assemblées où le chef du "Oui" vient remettre la récompense à ceux

---

22. Archives du Parti québécois, *La création de regroupements pour le Oui*, [n.d.], document de 16 pages.
23. Archives du Parti québécois, *Bilan des regroupements pour le Oui*, 17 mai 1980, document de 3 pages.
24. Archives du Parti québécois, *Rapport d'étape, Résumé*, [n.d.], document de 13 pages. Nous présumons que ce rapport a été rédigé vers le 25 avril 1980 puisqu'on y prévoit la tenue d'assemblées publiques à compter du 27.

qui ont pris l'initiative de provoquer des regroupements.» Il ajoutait que, lors de ces assemblées, rien de
fondamental ne se disait et que les dons de communi-
cateur de Lévesque n'étaient pas utilisés[25].

De plus, une certaine confusion régnait autour de
ces frais d'adhésion puisque le directeur général du
financement des partis politiques, Pierre-Olivier Boucher, avait déclaré que le Regroupement national pour
le Oui ne pourrait pas utiliser les 2 $ amassés après
l'émission du bref référendaire, le 15 avril[26].

Or, plusieurs mois plus tard, lors d'une conférence de presse, le 4 août 1980, il revint sur sa déclaration en affirmant que ces frais d'adhésion étaient
maintenant comptabilisés comme des contributions
des électeurs à un comité national[27]. Le camp du
«Oui» obtint ainsi en contributions individuelles la
somme de 305 000 $.

Bref, la campagne référendaire du camp du «Oui»
démarrait plutôt à petite vitesse et dans la désillusion
d'autant plus que les stratèges avaient adopté un style
low profile qui n'avait rien de stimulant.

Toutefois, le Regroupement national du «Oui»
avait réussi à attirer dans son camp plusieurs personnalités libérales. C'est ainsi que, successivement,
Kevin Drummond, ex-ministre des Terres et Forêts
sous l'administration Bourassa, Jean-Paul L'Allier, ex-
ministre des Communications sous la même administration, Léo Pearson, député libéral de Saint-Laurent
de 1966 à 1973, Léon Dion, sociologue de l'Université
Laval, le chef créditiste Fabien Roy (défait aux élections fédérales du 18 février) et d'anciens ministres

25. Guy Bisaillon, *op. cit.*, p. 44.
26. «Les 2 $ de frais d'adhésion au Oui ne pourront être dépensés après l'émission des brefs», *La Presse*, 15 avril 1980, p. A 2.
27. Tribune de la presse de l'Assemblée nationale, *Conférence de presse de M. Pierre-Olivier Boucher*, 4 août 1980, compte rendu dactylographié de la conférence, 17 pages.

unionistes annoncèrent leur adhésion entre le début de mars et la mi-avril.

Mais ces adhésions aussi prestigieuses fussent-elles, ainsi que celles des deux grandes centrales syndicales, CSN et FTQ, contrebalançaient difficilement l'adhésion au camp du «Non» de tous les partis politiques de tendance fédéraliste, œuvrant autant sur la scène provinciale que sur la scène fédérale, et de la très grande majorité des hommes d'affaires du Québec.

Les faiblesses de la Loi sur la consultation populaire

La Loi sur la consultation populaire recelait quelques pièges pour le gouvernement. Bien qu'elle ait été conçue de façon à donner au gouvernement deux avantages immédiats, à savoir l'initiative de fixer la date de la tenue du référendum et la formulation de la question référendaire, elle n'en contenait pas moins deux grandes faiblesses qui allaient désavantager considérablement le camp du «Oui».

Lorsqu'il avait défendu son projet de loi auprès de la direction du gouvernement en 1978, le ministre de la Réforme électorale Robert Burns avait préconisé de réduire au minimum la période de temps s'écoulant entre l'adoption de la question par l'Assemblée nationale et la première journée de la campagne. Mais les stratèges du gouvernement n'étaient pas de cet avis. Ils pensaient que plus il s'écoulerait de temps entre le débat parlementaire et la campagne, plus ils pourraient susciter des adhésions prestigieuses à leur camp. Or, si l'on excepte les Biron, L'Allier, Drummond et quelques anciens députés et ministres unionistes, les candidatures prestigieuses ne se multiplièrent pas. De plus, comme les travaux parlementaires furent suspendus après le 15 avril, le gouvernement Lévesque n'avait plus de tribune institutionnelle pour répliquer aux attaques émanant du gouvernement Trudeau aux Communes.

Ce vide permit aux forces fédéralistes de réduire l'écart qui les séparait du «Oui» en avril et de reprendre l'avance en mai[28].

L'autre défaut majeur, qui a certainement constitué l'un des plus importants facteurs de la défaite du camp du «Oui», fut d'avoir omis dans la loi référendaire de lier la Couronne fédérale (le gouvernement canadien) ainsi que le gouvernement du Québec.

Robert Burns n'est pas convaincu que cela fût un oubli. «À cette époque, la question ne se posait pas et toutes les lois étaient rédigées sans mentionner l'obligation des gouvernements de s'y soumettre, sauf dans la loi des normes minimales où le gouvernement du Québec s'est contraint à respecter la loi[29]», explique-t-il. Il doute d'ailleurs que le gouvernement fédéral aurait consenti à se laisser contraindre, mais il admet qu'une disposition en ce sens aurait engendré tout un débat public.

Ce défaut fut mis en évidence lorsque le directeur général du financement des partis politiques demanda une injonction interlocutoire provisoire quand le fédéral entreprit une campagne de publicité pour encourager les Québécois à voter non. Le Conseil du référendum, constitué de trois juges de la Cour supérieure, jugea la requête mal fondée en droit, car «nulle loi n'a d'effet sur les droits de la Couronne à

---

28. «La Question référendaire. Évolution des intentions de vote à travers la campagne», *Le Soleil,* 21 mai 1980, p. A 9. Graham Fraser, dans *Le Parti québécois, op. cit.,* note à la page 259 que les sondages internes du PQ révélaient que les Non avaient dépassé les Oui dès la mi-avril.
29. Robert Burns a fait ces commentaires lors d'une entrevue réalisée par l'auteur le 23 mai 1990.

moins qu'ils n'y soient expressément compris» ou encore à moins de l'avoir acceptée[30].

Or, faute de stipulation à cet effet, on jugea que le gouvernement du Québec n'était pas lié par la loi sur la consultation populaire ni, *a fortiori*, le gouvernement du Canada.

Gil Rémillard, professeur de droit constitutionnel au cours de cette période, s'était basé sur une décision du juge Laskin, juge en chef de la Cour suprême en 1977, dans une cause qui opposait le gouvernement de l'Alberta à la Commission canadienne des transports pour soutenir que le gouvernement fédéral n'était pas lié par la loi sur la consultation populaire. Selon lui, la seule exception à la règle, c'est lorsque la santé ou la protection du public est mise en cause. «Il est difficile de comprendre, admettait-il cependant, les raisons qui pourraient motiver le fait que les lois provinciales ne peuvent lier le Parlement canadien alors que les législations de ce dernier peuvent lier les législatures des provinces. Est-ce le signe que les provinces dans notre système fédéral sont les créatures de l'autorité fédérale[31].»

Le juriste Pierre Patenaude abonda dans le même sens. Commentant le jugement du Conseil du référendum[32], il écrivit qu'il «ne restait plus grand-chose du principe d'autonomie et de souveraineté des États-membres (provinces) consacrés par le Comité judiciaire du Conseil privé de Londres (tribunal de dernière instance jusqu'en 1949 au Canada) si à tout moment le processus électoral provincial était faussé par un afflux considérable d'argent provenant de l'exécutif fédéral».

---

30. Archives du Parti québécois, *Conseil du référendum*, Jugement des juges Alan Gold, Georges Chassé et Gaston Rondeau, 16 mai 1980, p. 4.
31. Gil Rémillard, «Ottawa n'est pas lié», *Le Devoir*, 1er avril 1980, p. 9.,
32. Pierre Patenaude, «La publicité, propagande électorale et référendaire au Québec», *La revue du Barreau*, tome 41, n° 5, nov.-déc. 1981, p. 1048-1049.

Selon lui, le jugement du Conseil du référendum ouvrait la porte à toutes sortes d'interventions indues de l'extérieur. Les professeurs Henri **Brun** et Guy Tremblay de l'université Laval semblaient partager cet avis[33].

Ainsi, les gouvernements français ou américain pourraient dépenser sans bornes pour favoriser une des options soumises à la consultation populaire sans trop d'inquiétude si ce n'est une menace de réprimande à l'Assemblée générale des Nations unies.

Une autre constatation se dégage de ce jugement: le gouvernement du Québec aurait pu contrer la publicité fédérale en s'engageant lui-même dans cette voie, par l'intermédiaire, par exemple, des services du ministère des Communications, puisque le Gouvernement du Québec n'était pas lié par la loi sur la consultation populaire. Mais le 16 mai, date du jugement, il était trop tard; tout l'espace publicitaire au petit écran avait déjà été réservé, démontrant à l'évidence que le Centre d'information sur l'unité canadienne avait eu bien raison de réserver du temps d'antenne dès l'automne 1979.

La seconde partie de la campagne et la défaite

Quand la campagne référendaire proprement dite démarra, après le 15 avril, les porte-parole du «Oui» étaient sur la défensive puisqu'ils devaient riposter à toute une série de menaces et de chantages de nature économique proférés par les ténors fédéraux, telles la hausse du coût du pétrole, la diminution des pensions aux personnes retraitées et des allocations de l'aide sociale, l'augmentation des impôts, etc.

---

33. Henri Brun, Guy Tremblay, *Droit constitutionnel*, Cowansville, Éditions Yvon Blais, 1990, p. 114-115.

Pour réfuter ces arguments, les défenseurs du «Oui» affirmèrent qu'il ne se passerait rien après le référendum puisqu'il s'agissait d'une consultation pour engager un processus de négociation et non pas un mandat pour enclencher la souveraineté. D'ailleurs, ils prenaient le soin de rappeler que les Québécois seraient invités à entériner tout changement futur lors d'un second référendum.

Comme nous l'avons signalé précédemment, les stratèges du «Oui» avaient misé sur une campagne tout en douceur où le chef René Lévesque visitait les regroupements pour le «Oui». Certes, cela permettait aux Québécois de se retrouver, de montrer leur solidarité, mais ces petits événements sans substance ne permettaient pas de rassurer l'ensemble de la population et de conquérir les indécis.

Deux raisons semblent expliquer l'inefficacité de cette stratégie: en premier lieu, les grands médias d'information ne donnèrent que peu d'écho à la formation des regroupements du «Oui», la couverture étant davantage axée sur le combat des chefs; deuxièmement, les dirigeants du Parti québécois conservèrent un contrôle jaloux sur l'orientation de la campagne, malgré leurs prétentions à s'ouvrir aux autres formations politiques ou aux mouvements nationalistes, ce qui contribua à l'assoupissement des militants[34].

De plus, sans doute pour jouer sur l'ambiguïté que représentait la notion de la souveraineté-association, les dirigeants du «Oui» furent peu enclins à en expliquer les diverses facettes et les avantages.

Pourtant, certains économistes, dont Pierre Fortin, avaient écrit que le projet de souveraineté-association

---

34. Denis Monière, «Deux discours pour le choix d'un pays: les propagandes», dans *Québec: un pays incertain*, Édouard Cloutier (dir.), Montréal, Éditions Québec/Amérique, 1980, p. 102-103.

serait économiquement viable et probablement rentable si le Québec souverain et associé utilisait sa nouvelle marge de manœuvre à des fins de développement et pour améliorer sa politique budgétaire[35].

D'autres auteurs, tels Kenneth McRoberts et Dale
Posgate, écrivaient deux ans après le référendum
qu'avec la souveraineté-association le Québec y
gagnerait beaucoup par rapport à la situation actuelle.
Bien plus que de détenir un siège à l'ONU ou d'avoir
les symboles de la souveraineté politique, il aurait
l'autorité exclusive de faire des lois sur son territoire,
d'exercer le contrôle exclusif sur les impôts et les
dépenses du secteur public, d'élaborer des politiques
industrielles et de prendre en main plusieurs domaines de réglementation économique[36].

Or le Parti québécois n'a pas réussi à faire péné-
trer son message chez deux groupes qui l'avaient
pourtant appuyé, dans une certaine mesure, lors des
élections précédentes, mais qui ont voté assez fortement pour le «Non» lors du référendum: les moins
scolarisés (moins de 13 ans de scolarité) et les travailleurs du secteur privé[37]. Tout s'est passé comme si
les Québécois pensaient davantage à ce qu'ils pouvaient perdre qu'à ce qu'ils pouvaient gagner d'un
changement constitutionnel. Ce fut le cas à Montréal
alors que le vote péquiste fut plus élevé en 1976 que le
vote Oui en 1980[38].

Ce n'est qu'à compter de la deuxième semaine de
mai que l'on décida de rajuster le tir en organisant de

---

35. Pierre Fortin, «La souveraineté-association est-elle un projet économiquement viable?», *Critère*, Montréal, n° 28, printemps 1980, p. 175.
36. Kenneth McRoberts, Dale Posgate, *Développement et modernisation du
Québec*, Montréal, Boréal Express, 1983, p. 253.
37. André Blais, Richard Nadeau, *op. cit.*, p. 327-334.
38. John Fitzmaurice, «The Referendum of 20th May 1980 and its Wider
Context», *Hull Papers in Politics*, Université de Hull, n° 22, mars 1981,
p. 27.

Petit, René Lévesque devait parfois se hisser sur une table pour être vu de tous lors de sa tournée référendaire. On le voit ici lors d'une rencontre avec les débardeurs du Port de Montréal.

Photo Jean Goupil, *La Presse*.

grandes assemblées enthousiastes. Déjà, la victoire référendaire paraissait hors d'atteinte, car même si 10 p. 100 des non-francophones votaient oui, il faudrait le vote de 62 p. 100 des francophones pour assurer une victoire confortable[39]. Ce que l'on cherchait en réalité, c'était de s'assurer une majorité de francophones qui se prononcerait pour le «Oui» ce qui aurait permis au gouvernement du Québec de conserver une certaine force lors des négociations constitutionnelles qui allaient suivre. Par contre, la tentation aurait été grande de rejeter le blâme de la défaite sur les anglophones.

Lévesque s'attendait à un résultat final de près de 45 p. 100, à 1 p. 100 en plus ou en moins en faveur du «Oui», ce qui aurait constitué une victoire morale puisqu'une majorité de francophones aurait été ainsi dégagée; mais il craignait que ce résultat ne déclenche une vague de violence «comme en Irlande[40]».

Le soir du 20 mai, le verdict tomba dru: 59,6 p. 100 de Non contre 40,4 p. 100 de Oui, et seulement 48 p. 100 de francophones pour le «Oui», ce qui était en soi un désastre[41].

Serein malgré la défaite, Lévesque déclara à ses partisans rassemblés au Centre Paul-Sauvé:

> Si je vous comprends bien, ce que vous êtes en train de dire c'est: «À la prochaine!» En attendant, avec toute la sérénité qui a marqué notre comportement pendant la campagne, il faut avaler la défaite... Ce qui se passe ce soir, ça fait mal

39. René Lévesque, *op. cit.*, p. 412. Lévesque note que, dès la fin d'avril, tous savaient à Ottawa comme à Québec que le 62 p. 100 de francophones était irréalisable.
40. Jean-François Lisée, *Dans l'œil de l'aigle*, Montréal, Boréal, 1990. Lire les confidences de Lévesque au consul américain Jaeger, p. 374-376.
41. Directeur général des élections du Québec, *Rapport des résultats officiels du scrutin — Référendum du 20 mai 1980*, p. 19. Maurice Pinard, Richard Hamilton, «Les Québécois votent Non: le sens et la portée du vote», dans *Comportement électoral au Québec, op. cit*, p. 345.

Le soir du 20 mai 1980, à l'aréna de Verdun, Claude Ryan et Jean
Chrétien applaudissent la victoire du camp du Non.

Photo Michel Gravel, *La Presse*.

Dépité par les résultats référendaires, René Lévesque s'adresse à des
partisans du Oui rassemblés au Centre Paul-Sauvé. À droite, Corinne
Côté-Lévesque et Lise Payette ont revêtu leurs vêtements de deuil.

Photo Pierre McCann, *La Presse*.

profondément, plus profondément que n'importe
quelle défaite électorale... Avec ce résultat que la
balle est renvoyée dans le camp fédéral. Le peuple québécois vient nettement de lui donner une
autre chance, et il appartiendra aux fédéralistes,
et d'abord à M. Trudeau, de mettre un contenu
dans toutes ces promesses qu'ils ont multipliées
depuis 35 jours[42].

Faisant l'analyse rétrospective de la campagne,
les adjoints de l'organisation du camp du «Oui» notaient que, sur le plan de la stratégie, le comité de
campagne n'avait pas su saisir les occasions propices
pour reprendre l'initiative, notamment dans l'affaire
des Yvettes et lors du vote de la Chambre des communes sur le rapatriement de la constitution (le 9 mai
1980[43]).

Il faut reconnaître cependant que Lévesque avait
bien riposté à la promesse de Trudeau de renouveler le
fédéralisme (le 14 mai) en exigeant de tribune en tribune
des précisions qui ne vinrent jamais. Il avait réalisé que
ce discours faisait mal au camp du «Oui» parce qu'il
arrivait à la fin de la campagne référendaire[44].

Mais la plus grande critique des responsables de
l'organisation avait trait au contenu. Selon eux, il n'y
avait pas de fil conducteur entre la stratégie du débat
parlementaire qui portait sur le fond et l'allure de la
campagne qui portait sur la démarche. «En ne faisant
pas référence au fond durant la campagne on accrédi-
tait l'adversaire qui nous accusait de vouloir "manigan-
cer" le débat. On était donc en situation défensive[45].»

---

42. Graham Fraser, *op. cit.*, p. 260.
43. Archives du Parti québécois, *Rapport sur le référendum*, Louis-Marie
Dubé, 26 juin 1980, document de 6 pages.
44. Michel Vastel, *Trudeau le Québécois*, Montréal, Éditions de l'Homme,
1989, p. 252.
45. Archives du Parti québécois, *Rapport sur le référendum*, *op. cit.*, p. 3.

En cette ère des communications rapides, une réaction qui ne vient que plusieurs jours plus tard laisse toujours subsister un soupçon d'impuissance. Encore aujourd'hui, on remarque souvent cette difficulté qu'ont les dirigeants péquistes à rebondir rapidement face aux critiques émanant de spécialistes ou de leurs principaux opposants. Parfois, on laisse passer des semaines sinon des mois avant de réagir, comme si l'on manquait d'arguments.

Le rapport faisait aussi état d'autres critiques comme la trop grande centralisation de l'organisation au national, la sous-utilisation des ministres et des députés dans les régions ainsi que des porte-parole du «Oui» dans les comtés et la faiblesse du pointage qualitatif (vérifié).

En réalité, les dirigeants péquistes payaient cher les appuis sous la table faits aux libéraux fédéraux pendant la campagne électorale fédérale.

Cette tactique avait permis d'affaiblir la position des libéraux provinciaux et de leur chef[46], mais, en revanche, elle donna à Trudeau et à son équipe le pouvoir de s'opposer à la souveraineté-association avec toutes les ressources dont peut disposer un gouvernement central et puissant. C'était donc un couteau à deux tranchants qui se retourna d'ailleurs contre les stratèges péquistes.

Enfin, sur le plan organisationnel, le gouvernement Lévesque a commis une faute de taille en centralisant d'une façon très bureaucratique les opérations à l'échelle nationale, ne laissant pour toute initiative aux militants que la possibilité d'obéir aux ordres.

---

46. Un sondage Pinard, Hamilton — INCI dévoilé par le *Devoir*, le 16 mai 1980, révélait que l'écart entre les deux principaux partis s'était considérablement rétréci en accordant 41 p. 100 des intentions de vote au PLQ contre 37 p. 100 au PQ.

«Nous les bénévoles étions regardés de travers par les permanents, raconte l'avocat Pierre Cloutier qui a œuvré pendant la campagne référendaire à la Commission juridique pour le «Oui». Nous n'étions pas invités au comité de coordination et aucune initiative ne nous était permise. C'était le bureau du premier ministre qui contrôlait tout[47].»

De plus, le Parti québécois, en organisant sa campagne de financement annuelle en plein mois de mars, ne permettait pas d'envoyer sur le «champ de bataille» des troupes fraîches et disposes.

Il s'est aussi refusé toute possibilité d'expliquer les avantages et les bienfaits de la souveraineté-association (dont la cote n'a jamais été forte dans les sondages) et il a été peu explicite sur les modalités de l'association durant la campagne référendaire. Ses faiblesses ont vite été exploitées par ses adversaires.

L'offensive publicitaire du gouvernement fédéral a également été un facteur dans la défaite. À plusieurs reprises, les dirigeants du camp du «Oui» ont dénoncé les dépenses publicitaires effectuées par Ottawa durant la campagne référendaire de même que la diffusion de documents vantant les services et les bienfaits du fédéralisme et la distribution de matériel publicitaire (macarons, autocollants) non autorisé par l'agent officiel du camp du «Non».

Dans son rapport, la Commission juridique du Regroupement national pour le «Oui» notait qu'il y avait eu un déséquilibre profond entre les sommes d'argent investies par les tenants du «Non» et celles investies par les tenants du «Oui» et «cela de façon immorale totale». Elle notait que la campagne référendaire avait eu lieu dans un climat de peur, d'inti-

47. Entrevue réalisée avec Pierre Cloutier, 8 mars 1990.

midation, de violence et de chantage important de la part des adversaires de la souveraineté-association[48].

Mais au-delà de ces faiblesses techniques, l'une des principales causes de la défaite du gouvernement Lévesque et du camp du «Oui» a été de s'en tenir aux règles du jeu référendaire alors que d'autres joueurs, le gouvernement fédéral et ceux des provinces anglophones, ne les respectaient pas.

S'il y a une leçon à tirer, c'est que face à de nombreux adversaires dont l'un respecte les règles et les autres pas, la pudibonderie en politique ne peut vaincre.

---

48. Archives du Parti québécois, *Les irrégularités commises pendant la campagne référendaire*, Commission juridique nationale, Regroupement pour le Oui, Pierre Cloutier, 30 mai 1980.

CHAPITRE VII

Des journalistes neutres, des patrons de presse coriaces

Au cours de l'hiver et du printemps 1980, au moment où va démarrer la campagne référendaire, les journalistes québécois francophones sont dans un état d'apathie voire même d'abattement moral. Les forces fédéralistes vont largement tirer profit de cette conjoncture pour mettre en valeur leur option et affaiblir le camp des souverainistes.

Les journalistes de trois importants quotidiens francophones, *Le Soleil*, *La Presse* et *Montréal-Matin*, viennent de sortir de longs conflits de travail qui ont duré plus de six mois en 1977-1978 et qui ont entraîné la disparition de *Montréal-Matin*.

Ces luttes menées afin d'obtenir une certaine forme de cogestion de l'information ont été un échec et ont engendré une certaine lassitude. Certes, les journalistes obtiendront des gains monétaires et un allègement de leur tâche de travail, mais le contrôle de l'information demeure entre les mains des propriétaires[1].

Certains observateurs avaient noté au cours du conflit qu'au-delà de la lutte des journalistes pour la

---

1. Les journalistes de *La Presse* ont obtenu en 1978 le droit d'élire les cadres syndiqués, mais ceux-ci n'ont guère d'autorité. Ils ont aussi obtenu depuis 1974 un droit de regard sur la nomination de l'éditeur adjoint et du directeur de l'information, droit qui se révélera plus que symbolique à l'usage.

liberté professionnelle (contre les prérogatives du capitalisme) se profilait une certaine guerre feutrée entre les jeunes journalistes indépendantistes et leurs patrons plus âgés qui sont de fervents fédéralistes. Les journalistes de *La Presse* voyaient dans le projet de la direction de créer une édition nationale, diffusée dans l'ensemble du Québec, un moyen de répandre la bonne nouvelle fédéraliste partout en région. Au quotidien *Le Soleil* de Québec, les journalistes pensaient que le nouveau propriétaire, Jacques Francœur, qui avait acheté le journal grâce au soutien financier de Paul Desmarais, n'avait d'autres ambitions que de prendre le contrôle de la salle des nouvelles avant la tenue du référendum[2].

Au *Devoir*, l'absence d'un directeur depuis le départ de Claude Ryan en janvier 1978 accentua le malaise dans la salle de rédaction[3]. Durant toute l'année 1979, les journalistes tentèrent sans succès d'obtenir un droit de veto sur la nomination du prochain directeur. Mais la médiation de Mgr Louis-Marie Lafontaine, qui représentait l'archevêché au sein du conseil d'administration du journal, leur permit d'obtenir que le nouveau directeur soit entièrement indépendant des partis politiques.

À l'approche du référendum, afin de hâter la négociation, les journalistes déclenchent des journées d'étude et s'abstiennent de signer leurs articles. Vers la fin de la campagne, Michel Roy, directeur par intérim, minoritaire au sein de l'équipe éditoriale, décide

---

2. David Thomas, «No news is bad news», *Maclean's*, vol. XC, n° 25, 12 décembre 1977, p. 26-40.
3. À cette époque, souligne Louis-Gilles Francœur, le conseil d'administration était composé en majorité de fidèles de Ryan. Or le danger était grand que cette instance nomme un directeur favorable ou identifié aux libéraux.

de laisser les éditorialistes exprimer librement leur opinion sur l'enjeu référendaire[4].

Les journalistes de Radio-Canada (surtout la télévision) étaient depuis 1976 sous la haute surveillance du pouvoir fédéral qui y avait placé ses gardes-chiourmes. Certains ministres et députés fédéraux tenaient la télévision d'État responsable de la victoire du Parti québécois en novembre 1976 et commencèrent à l'attaquer systématiquement, l'accusant d'être un nid de séparatistes[5].

Selon le ministre André Ouellet, Radio-Canada devait être le propagandiste du gouvernement fédéral, et il le disait publiquement. «Je ne veux pas voir Radio-Canada prendre une position neutre pour présenter les deux côtés de la question. Les employés, au moment du référendum, doivent être sans équivoque du côté de Pro-Canada», dit-il au journaliste Peter Gzowski de CBC en avril 1977[6].

Un peu plus tôt, le 4 mars 1977, Trudeau avait demandé au président du CRTC, Harry Boyle, d'instituer une enquête pour déterminer si effectivement Radio-Canada remplissait son mandat. Mais au lieu de s'en prendre aux séparatistes, Boyle fit une critique prompte, globale et incisive de cette société. Selon lui, elle reflétait une vision centralisatrice du pays et tenait pour acquis que les «Canadiens anglais se désintéressaient totalement de ce qui arrivait aux Canadiens français, et vice versa[7]».

Quant à Télé-Métropole, cette société avait manifesté aussi un penchant marqué pour le fédéralisme

---

4. Sources: Louis-Gilles Francœur, *Le Devoir*. Rapport du président du Conseil d'administration de l'Imprimerie populaire, *Le Devoir*, 25 avril 1980, p. 9.
5. Graham Fraser, *Le Parti québécois*, Montréal, Libre Expression, 1984, p. 147.
6. *Ibid*.
7. Graham Fraser, *op. cit.*, p. 148.

puisqu'elle avait souscrit un montant de 10 000 $ à la Fondation Pro-Canada[8].

De leur côté, les journalistes anglophones du Québec et du Canada, sous l'impulsion de leur direction, avaient revêtu leurs habits de combat. Voici comment Graham Fraser, ex-correspondant de *Macleans's*, fait un parallèle entre cette période et le temps de la guerre: «Mark Harrison, le rédacteur en chef à *The Gazette* avoua se sentir comme Errol Flynn, au milieu d'une chevauchée dans le bruit de la fusillade... Les correspondants au Québec des médias de langue anglaise éprouvaient toutes les angoisses de leurs patrons, d'où leur désir de discréditer le nouveau gouvernement[9].»

À la veille de la campagne référendaire, la plupart des correspondants des médias anglophones avaient pris un certain recul par rapport à cette période «héroïque», mais certains, tels William Johnson du *Globe and Mail*, André Vermette et Ralph Noseworthy, tous deux de CFCF, poursuivaient leurs attaques, qui frisaient parfois la paranoïa, contre le gouvernement Lévesque. «C'était comme s'ils pensaient être attaqués personnellement parce que le gouvernement du Québec envisageait une autre formule que la fédération canadienne[10]», confie Gratia O'Leary, ex-attachée de presse de René Lévesque.

Donc, au moment où va être lancée la campagne référendaire, les souverainistes ne peuvent compter que sur de rares alliés parmi les directions des salles

---

8. Robert Barberis, Pierre Drouilly, *Les illusions du pouvoir*, Montréal, Éditions Sélect, 1981, p. 232.
9. Graham Fraser, *op. cit.*, p. 147.
10. Lors d'une entrevue, Gratia O'Leary notait qu'au cours de la tournée référendaire les journalistes anglophones formaient un bloc nettement séparé des journalistes francophones lors des voyages en avion ou en autobus. Ils se permettaient parfois de crier des insultes ou de chanter des chansons provocatrices.

de nouvelles de la presse écrite et parlée[11]. Le ministre péquiste Marcel Léger avait d'ailleurs souligné en juillet 1978 que les médias constitueraient l'un des principaux obstacles que devraient combattre les tenants de la souveraineté lors de la campagne référendaire. Les médias étant contrôlés par la minorité possédante favorable au Non, disait-il, ils devenaient des châteaux forts presque insaisissables[12].

Une attitude ambiguë

L'attitude neutraliste des journalistes francophones pendant la campagne référendaire peut surprendre si l'on considère qu'en mai 1979 *L'Actualité* révélait, dans un sondage sur le profil des journalistes québécois, que les deux tiers se disaient favorables à l'indépendance du Québec[13].

Ce parti pris pour l'indépendance du Québec remontait aux beaux jours de la Révolution tranquille alors que les journalistes ne se gênaient pas pour appuyer le mouvement de réformes amorcé par le gouvernement Lesage. Ils vibraient d'enthousiasme devant tout nouveau projet. Qu'ils soient devenus indépendantistes était tout à fait naturel et s'inscrivait dans un prolongement logique.

Or, ce qui est étonnant, c'est qu'à la veille du référendum, les journalistes se soient réfugiés dans une sorte de neutralité aseptisée. Ils se comportaient comme s'ils étaient gênés d'être majoritairement

---

11. Il y a une exception et c'est celle du *Journal de Montréal* dont le propriétaire, Pierre Péladeau, ne cachait pas ses sympathies pour la souveraineté-association.
12. Normand Delisle, «Léger veut un référendum sur l'identité nationale», *Le Soleil*, 20 juillet 1978, p. D 17.
13. Pierre Godin, «Qui vous informe», *L'Actualité*, vol. IV, n° 5, mai 1979, p. 31-40.

péquistes, note Gérald LeBlanc[14]. «Au Québec, on dirait que les journalistes ne sont plus des citoyens. Ils n'ont plus le droit de vibrer; ils se sentent sur la défensive. Ça se traduit par une espèce de neutralisation et d'aseptisation de l'information.»

Dans la mesure où les journalistes reconnaissaient que le débat constitutionnel engageait autant leur avenir que celui de la société québécoise, de nombreux intellectuels rêvaient de voir la presse quotidienne se comporter comme elle l'avait fait lors du débat sur la conscription en 1942, c'est-à-dire en s'engageant[15]. Or, notent Guy Lachapelle et Jean Noiseux[16], les journalistes n'étaient pas prêts à remettre en question le rôle social de la presse québécoise. «En refusant de participer au débat, la presse écrite a fini par diluer les deux options en présence au point où on ne savait plus vraiment si un oui était bien un oui et un non un non.»

En somme, les journalistes québécois ont «sublimé» l'événement, choisissant la neutralité plutôt que la responsabilité personnelle à l'égard d'une cause qui les concernait à titre de citoyens. Les deux politologues en concluaient que les journalistes confirmaient leur situation de dépendance à l'intérieur des entreprises de presse. «Le débat référendaire aurait pu devenir pour eux une occasion unique de s'affranchir de la tutelle idéologique de leur employeur, en revenant à l'essence du journalisme d'opinion. Ils ont préféré jouer le rôle de techniciens de l'information plutôt que de véritables journalistes.»

---

14. Pierre Godin, *La lutte pour l'information*, Montréal, Éditions Le Jour, 1981, p. 294.
15. Dans Gilles Paquin, «Conscription, marché commun et proposition 13», *Le "30"*, vol. IV, n° 4, avril 1980, p. 11, Richard Daignault confie que les organes d'information étaient «clairement engagés» malgré la censure officielle. Les médias anglophones favorisaient la conscription et les journaux francophones étaient contre.
16. Édouard Cloutier, (dir.), *Québec: un pays incertain*, Montréal, Éditions Québec/Amérique, 1980, p. 138-139.

Il est nécessaire de nuancer ces propos. L'autonomie des journalistes, dans leur travail quotidien, est plus réduite qu'on veut bien le laisser croire. «Le plus souvent, le reporter est affecté à la "couverture" d'un événement par un supérieur (ou avec son accord), son texte sera vérifié avant d'être publié ou diffusé, bref, la réalité des choses rend sa tâche et son influence plus modestes qu'on le dit souvent[17]», note Florian Sauvageau.

Il ajoute par contre que les syndicats de journalistes ont fait inscrire dans les conventions collectives un certain nombre de garanties dans le but d'empêcher les directions de triturer l'information au service d'une cause, mais il précise que les patrons détiennent toujours les pouvoirs déterminants en matière d'information, par le biais des priorités budgétaires qu'ils définissent, de l'embauche des journalistes et des cadres qu'ils peuvent choisir «à leur image[18]».

Bien que les patrons de la presse écrite contrôlent totalement la page éditoriale, Sauvageau soutient que les éditoriaux ne jouissent pas d'une cote de lecture très élevée et les recherches démontrent que leur lecture n'aurait que peu d'influence dans le cas du comportement électoral tout au moins. L'auteur se souvient que dans les années 70, une étude très sérieuse avait révélé que les lecteurs du *Soleil* ne lisaient les éditoriaux que dans une proportion de 10 p. 100[19].

En campagne électorale, c'est la télévision qui a le plus d'influence parce qu'elle rejoint une clientèle

17. Florian Sauvageau, «Les médias et la campagne référendaire: rôle exigeant, mission impossible?» *Cahiers de recherche éthique 7*, Montréal, Éditions Fides, 1979, p. 58.
18. *Ibid.*, p. 62.
19. *Ibid.*, p. 58. Lors d'un entretien, le 6 août 1991, Sauvageau a indiqué que le cotes de lecture faites par les quotidiens n'étaient pas très fiables, car les personnes interrogées ont une tendance subjective à dire qu'elles lisent les éditoriaux parce que lire un éditorial est prestigieux et valorisant face aux autres.

moins politisée que celle des journaux, souvent moins instruite, des gens qui regardent les émissions électorales «non pas parce qu'ils s'intéressent à la politique, mais parce qu'ils aiment regarder la télévision», bref des gens que l'on peut sans doute influencer plus facilement[20].

Dans leur grande majorité, les journalistes québécois ont adopté l'attitude de Michel Roy, alors directeur intérimaire du *Devoir*, qui dépeignait l'événement comme «une élection générale un peu plus importante que les autres mais rien de plus[21]».

Que l'on réduise un référendum qui engage l'avenir de tout un peuple à une simple élection générale, voilà qui en dit long sur le jugement d'un des journalistes les plus respectés du Québec à cette époque.

Le jeu des fédéralistes

Claude Ryan, ex-directeur du *Devoir*, devenu chef du Regroupement national pour le «Non», était tout à fait conscient de l'importance stratégique des médias pendant la campagne référendaire et de la tendance indépendantiste des journalistes.

Bien avant que la campagne référendaire ne démarre, le Parti libéral du Québec, lors d'une réunion du comité du référendum le 19 février 1980, avait sensibilisé ses cadres à être vigilants face aux médias «car ils tenteront de diviser les [libéraux] provinciaux et les fédéraux[22]».

---

20. Sauvageau rappelle que la Commission Kent a démontré que les gens sont attirés par la lecture des journaux pour les informations locales et qu'ils privilégient la télévision pour les nouvelles nationales.
21. Pierre Godin, *op. cit.*, p. 296. Note: cet alignement des journalistes était d'autant plus étonnant que Michel Roy a toujours pris des positions nettement fédéralistes.
22. Archives du Parti libéral du Québec, Comité du référendum, «Compte rendu», Réunion du 19 février 1980, document de 5 pages.

Ce n'est cependant qu'au moment du lancement officiel de la campagne référendaire que le Regroupement pour le «Non» ouvrit les hostilités à l'endroit des médias. Ainsi, le 18 avril 1980, lors d'une conférence de presse, Ryan réclamera la création d'un comité de vigilance composé de représentants des deux camps ainsi que des représentants de la presse écrite et parlée pour surveiller l'impartialité des médias et des journalistes (mais non des patrons) pendant la campagne référendaire[23].

«Nous avons des preuves qu'il y a eu un déséquilibre», a-t-il dit en faisant allusion à la couverture par *Le Journal de Montréal* de la manifestation des Yvettes au Forum (le 7 avril), qui avait attiré 15 000 personnes. «Lorsque l'on relègue la manifestation des Yvettes [...] à la page 20 et que l'on retrouve le lendemain une manchette sur le premier ministre Lévesque en première page, nous avons le droit de nous interroger[24].» Le chef du «Non» a toutefois écarté le dépôt d'une plainte au Conseil de presse en expliquant que l'organisme n'était pas en mesure de redresser rapidement une situation jugée inacceptable.

Plus tôt le même jour, lors de la réunion du Comité de coordination du Regroupement pour le «Non», Michel Capistran, adjoint au directeur des Communications du «Non», avait fait part de problèmes avec les médias et indiqué que des pressions avaient été faites au *Journal de Montréal*. «Il est important que les médias sentent que l'on est présent et qu'on les surveille[25]» note-t-on au procès-verbal.

---

23. «Ryan propose la création d'un comité de surveillance», *Le Devoir*, 19 avril 1980, p. 1.
24. Claude-V. Marsolais, «Ryan: un comité pour surveiller les médias», *La Presse*, 19 avril 1980, p. A 8.
25. Archives du Parti libéral, Comité de coordination, Les Québécois pour le Non, réunion du 18 avril 1980, item 4. Lors d'une entrevue, le 14 février 1991, Michel Capistran a reconnu que cette approche était stratégique et que le Regroupement pour le Non était très satisfait des retombées recueillies, soit la formation d'un comité spécial du Conseil de presse.

Cette proposition de Ryan avait été rejetée par René Lévesque qui l'avait qualifiée «d'absurde». Pour le chef des forces du Oui, cela ressemblait à une forme de censure et il se disait étonné qu'elle émane d'un homme ayant travaillé dans le milieu journalistique pendant si longtemps.

Il avait ajouté que son gouvernement et lui-même avaient été maltraités par l'«establishment» incarné par *The Gazette,* mais qu'il ne voyait aucune raison de réclamer la surveillance de quiconque[26].

Le Conseil de presse du Québec a succombé immédiatement au piège tendu par les forces du Non en constituant un sous-comité spécial du Comité permanent des cas alors que le Comité permanent des cas aurait très bien pu faire l'affaire. Seul Claude Masson, alors directeur de l'information au *Soleil,* s'était opposé à cette initiative, mais il ne semble pas avoir été appuyé par les journalistes québécois. Or la mise sur pied de ce comité spécial pour accélérer l'étude des plaintes n'a aucunement freiné les élans du chef des forces du «Non» qui a continué à reprocher aux journalistes leur collusion avec les partisans du «Oui»[27].

Le Journal de Montréal fut suivi à la trace par une petite équipe de surveillance technique du Regroupement pour le «Non» qui comparait avec d'autres quotidiens le nombre de lignes consacrées aux deux camps, le nombre de photos, l'espace rédactionnel, etc. Le 12 mai, Claude Ryan déclara que le journal faisait du journalisme de poubelle et annonça que la

26. «D'abord convaincre les francophones indécis (Lévesque)», *Le Devoir,* 21 avril 1980, p. 1 et 10.
27. Édouard Cloutier, *op. cit.,* p. 144. Voir aussi la polémique entre Claude Masson, directeur de l'information et Jean Baillargeon, secrétaire du Conseil de presse, *Le Soleil,* 23, 24 et 25 avril 1980, p. A 6.

députée libérale Solange Chaput-Rolland y cessait sa collaboration qui avait débuté au printemps.

Le même jour, l'équipe des Communications du camp du Non avait fait préparer un projet de requête en injonction provisoire et interlocutoire (qui n'a pas eu de suite) afin de ramener *Le Journal de Montréal* à pratiquer une couverture juste, équitable et impartiale des événements politiques. Le libellé de la requête mentionnait que du 10 avril au 2 mai 1980, sur 170 articles reliés à l'événement, le journal avait consacré 104 articles aux activités du «Oui» et seulement 66 au camp du «Non»[28].

«Nous devions avoir une stratégie spécifique à l'endroit du *Journal de Montréal* car son propriétaire (Pierre Péladeau) avait avoué publiquement qu'il favorisait l'indépendance du Québec. Or, la couverture du quotidien était visiblement orientée vers le camp du Oui», a indiqué Michel Capistran, lors d'une entrevue. Bien entendu, il n'a pas paru utile au camp du «Non» de reprocher quoi que ce soit au quotidien *The Gazette* qui combattait à visière levée contre le «Oui».

Parallèlement à sa campagne de dénigrement des journalistes, Claude Ryan fit tout en son pouvoir pour leur compliquer la tâche. Ainsi, chacune des assemblées organisées par le Comité du Non en soirée suivait un scénario dont l'objectif était de reléguer l'allocution du chef à la fin (vers 23 heures) de façon qu'elle ne soit pas reproduite aux nouvelles télévisées du soir ou dans les quotidiens du lendemain matin.

Cette façon de procéder avait été planifiée par le Comité du «Non» qui savait fort bien que l'image de Ryan passait très mal au petit écran. D'ailleurs, lorsque les journalistes demandèrent à Ryan et aux stratè-

---

28. Archives du Parti libéral du Québec, *Requête en injonction provisoire et interlocutoire*, Les Québécois pour le Non *vs Le Journal de Montréal*, 12 mai 1980, document de 3 pages.

ges du «Non» d'écourter leurs assemblées ou de déplacer l'allocution du chef afin que les médias puissent en rendre compte, la réplique fut: «Notre campagne est conçue pour le public et non pas pour les médias ou le petit écran[29].»

Cette attitude valut au chef du Non de vives critiques du rédacteur en chef du *Devoir*, Michel Roy:

> Ryan ne peut pas faire comme si la télévision n'existait pas, comme si tout le Québec ne s'y informait pas tous les soirs. Ce n'est pas par hasard si le sondage CROP montre que la perception de la campagne des chefs dans le public est négative dans le cas de Ryan et positive dans le cas de Lévesque. Si le Non l'emporte, à quoi le résultat sera-t-il attribuable? Aux interventions des hommes politiques fédéraux, aux réflexions des citoyens?[30]

Les victimes de la guerre médiatique

Bien qu'ils soient reconnus pour leur loyauté, les anglophones peuvent être sans pitié lorsqu'ils livrent une guerre d'usure à un parti ou à un gouvernement qui leur apparaît hostile.

Il était largement connu que, depuis l'élection du gouvernement péquiste en novembre 1976, *The Gazette* livrait un combat sans relâche aux «séparatistes» de tout acabit. Le journal avait contribué à deux reprises à la Fondation Pro-Canada, pour une somme totale de 75 000 $[31].

---

29. Selon Michel Capistran, c'est le chef du Non qui avait exigé ce format qui correspondait plus à son tempérament. Il reconnaît que le style plutôt rationnel et froid de Ryan qui ne laissait transpirer aucune émotion n'était guère susceptible de l'avantager devant le petit écran.
30. Michel Roy, «Les médias et le référendum», *Le Devoir*, 14 mai 1980, p. 10.
31. Gilles Paquin, «Pro-Canada profite de divers services gratuits d'Ottawa», *La Presse*, 21 juin 1979, p. A 1. Lysiane Gagnon, «Le mal irréparable», *La Presse*, 1er avril 1980, p. A 8.

Vers la fin du mois de mars, le rédacteur en chef du journal, J. Robert Walker, fit circuler dans la salle de rédaction une note de service suggérant des idées de reportage pour la campagne référendaire. Or toutes ces idées faisaient une large place aux effets négatifs qu'entraînerait l'indépendance du Québec, comme l'échec de la sécession du Biafra, la faillite économique, etc.

Un peu en réaction à cette politique, le journaliste André Gagnon forma le 19 avril un comité du «Oui» composé de 80 employés et journalistes en reprochant à *The Gazette* d'être devenu une succursale du Comité du «Non».

Après la formation du Comité du «Oui» les journalistes André Gagnon et Nick Auf der Maur furent informés qu'ils étaient suspendus sans solde jusqu'au lendemain du référendum. Toutefois, le directeur du journal révisa sa décision et leur accorda un congé avec solde[32].

Le référendum fit également deux victimes au quotidien *Le Nouvelliste* de Trois-Rivières. La direction du journal décida de mettre en congé sans solde le chroniqueur aux loisirs, Jean-Paul Arsenault, qui avait accepté la vice-présidence du Regroupement national pour le «Oui» dans le comté de Champlain, et Denis Pronovost (il est actuellement député conservateur), chroniqueur aux sports, qui, de son côté, avait accepté la présidence du Comité du «Non» dans Saint-Maurice.

Face à ce geste, le syndicat des journalistes du quotidien décida de payer leur salaire pendant la durée de la campagne référendaire et logea une plainte au Conseil de presse du Québec à l'endroit de l'employeur pour censure, atteinte au droit du public

---

32. «Une note de service suscite de vives discussions au quotidien *The Gazette*», *Le Devoir*, 31 mars 1980, p. 6. Édouard Cloutier, *op. cit.*, p. 149.

à l'information et entrave au libre exercice du métier de journaliste[33].

Dans sa décision émise le 15 août 1980, soit quatre mois après le dépôt de la plainte, le Conseil de presse rejetait l'accusation de censure puisque la décision de l'employeur n'avait pas pour objet de porter atteinte au droit du public à l'information. Cependant, l'organisme blâma *Le Nouvelliste* d'avoir mis en disponibilité ses deux journalistes sous le prétexte de préserver l'image de neutralité politique du journal «parce que de telles interventions sont propres à compromettre le libre exercice du métier de journaliste». Et les membres du comité spécial d'ajouter:

> Des interventions de ce genre ne sont pas souhaitables parce qu'elles risquent de donner libre cours à de la censure ou à des sanctions pour délits d'opinion. Si, en effet, le journaliste comme citoyen jouit des libertés d'expression, d'opinion et d'association, s'il est libre de ses appartenances et de ses engagements, pourquoi devrait-il, du fait de l'exercice de ces libertés, subir des sanctions? Pourquoi une entreprise de presse pourrait-elle exiger de lui, ailleurs que dans l'exercice de ses fonctions journalistiques, la «neutralité» qui convient à sa fonction d'informateur public?[34]

Le Conseil note qu'il n'est pas sûr que l'appartenance des deux journalistes aux comités référendaires du «Oui» et du «Non», de même que le rôle qu'ils étaient appelés à y jouer, auraient nécessairement

---

33. Huguette Laprise, «Deux journalistes "en congé" au *Nouvelliste*», *La Presse*, 30 avril 1980, p. A 13.
34. Conseil de presse du Québec, *Le Syndicat de l'information du Nouvelliste c. Le Nouvelliste*, dossier n° 80-05-44, décision rendue le 15 août 1980.

compromis la qualité et l'intégrité de l'information que l'un transmettait par voie d'une chronique de chasse et pêche, et l'autre, dans la section des sports.

À *La Presse*, l'éditorialiste Guy Cormier se vit refuser un éditorial favorable au «Oui». Cormier et le journaliste Jean-Pierre Bonhomme, lui aussi favorable au «Oui», tentèrent d'obtenir le droit d'exprimer leur opinion dans une tribune libre (en page éditoriale), mais sans plus de succès, car le journal ne reconnaît pas le droit à la dissidence de ses éditorialistes en matière d'orientation idéologique[35].

Le corridor idéologique de *La Presse*, rendu public en 1972, est que: «*La Presse* croit en un Québec fort au sein d'une confédération canadienne suffisamment souple pour satisfaire aux légitimes aspirations des Canadiens de langue et de culture françaises.»

Assez curieusement, l'éditeur Roger Lemelin critiquait en octobre 1979 le versement par le journal *The Gazette* d'une somme d'argent à la Fondation Pro-Canada, en expliquant qu'un tel geste portait atteinte à la crédibilité d'un journal. Il affirmait que le rôle d'un journal est d'arbitrer le match, d'être neutre[36], ce qui ne l'a pas empêché de prendre position pour le Non au nom du journal le 17 mai 1980.

En plus de refuser l'expression légitime d'une dissidence, la direction de *La Presse* avait instauré, au cours de la campagne référendaire, un véritable contrôle de l'information de la première page où l'éditeur adjoint, Jean Sisto, imposait ses propres choix, c'est-à-dire les nouvelles favorables au «Non».

Louis Falardeau, le chef du bureau de *La Presse* à Québec, qui avait accepté de coordonner le travail des

---

35. Louis-Gilles Francœur, «*La Presse* refuse à un éditorialiste le droit de se prononcer pour le Oui», *Le Devoir*, 19 mai 1980, p. 9.
36. Ingrid Saumart, «Contribuer à Pro-Canada, normal pour *The Gazette*», *La Presse*, 11 octobre 1979, p. B 12.

journalistes durant la campagne référendaire, fut dégoûté par cette appropriation de l'information qui allait à l'encontre du principe inscrit dans la convention collective selon lequel «*La Presse* est libre de rechercher la nouvelle sans obstruction ou intervention de qui que ce soit et libre de publier les nouvelles et de les commenter». Il refusera de coordonner le travail des journalistes affectés à la couverture de la campagne électorale en 1981[37].

Bien que *Le Devoir* semblait au-dessus de la mêlée au cours de la campagne référendaire, il n'en avait pas toujours été ainsi. Ainsi, une recherche spécifique de la couverture de *La Presse* et du *Devoir* en relation avec certains événements comme le Livre blanc sur la souveraineté-association en novembre 1979, le Livre beige du Parti libéral en janvier 1980 et le débat référendaire à l'Assemblée nationale en mars 1980 avait démontré que *Le Devoir* avait été partial dans sa couverture du Livre blanc, laissant transpirer une tendance pro-libérale[38]. Pour l'ensemble des événements nommés, les deux quotidiens avaient privilégié la dimension conflictuelle à travers les visions idéologiques qui opposaient les partisans du «Oui» et du «Non» plutôt que d'analyser les concepts de répartition du pouvoir et de l'autorité dans une perspective historique.

Une télévision «bridée»

«Le réseau français de Radio-Canada a été si apprivoisé par les attaques de Trudeau que l'autocen-

---

37. Entrevue avec Louis Falardeau, 15 février 1991. Selon lui, on avait même obligé le journaliste Claude Gravel à rechercher des artistes favorables au «Non» et à les interviewer.
38. Jean-François Bau, *Historicité et identité nationale dans le discours référendaire québécois*, mémoire de maîtrise, Communications, UQAM, janvier 1984, p. 218-219.

sure nous empêche de perdre nos emplois», se plaignait un reporter à la fin de l'année 1977 pour démontrer que la télévision d'État était sous haute surveillance[39].

À l'approche du référendum, le climat à Radio-Canada, loin de s'améliorer, se dégrada encore plus. Ainsi, en février 1979, Claude Piché, directeur de l'information-radio, annonça la création d'un pupitre éditorial à la direction des affaires publiques radio, formé du rédacteur en chef des actualités radio et d'un réalisateur choisi et nommé par la direction, ce qui fit dire aux journalistes que la direction voulait contrôler toute l'information qui sera diffusée dans la grande maison de la rue Dorchester[40].

Le même mois, le directeur du service de l'information, Marc Thibault, tenta de proscrire l'expression «Oui au référendum» en signalant que les journalistes avaient déjà un réflexe conditionné comme si la propagande des péquistes avait rapidement réussi à faire son chemin.

Deux semaines plus tard, après que sa directive eut fait l'objet d'une fuite généralisée, Marc Thibault dira: «Nous avons le devoir de résister à toute propagande. Je hais la propagande qui est manipulation et conditionnement de l'esprit, atteinte insidieuse et grave à la liberté[41].» L'ironie dans cette affaire est que le directeur n'avait pas «levé le petit doigt» en 1977 pour s'insurger contre le gouvernement fédéral qui voulait faire de Radio-Canada un appareil de propagande (fédéraliste) comme aux beaux jours de la Seconde Guerre mondiale.

39. David Thomas, *op. cit.*, p. 26.
40. Ingrid Saumart, «La grande peur des journalistes des "Présent"...», *Le "30"*, vol. III, mars 1979, p. 11-12.
41. Archives nationales du Québec, Québec, Fonds Jean-François Bertrand, *Notes de service du directeur du Service de l'information*, Radio-Canada, 22 février et 9 mars 1979.

Or les pires craintes concernant la partialité de Radio-Canada se confirmèrent, malgré les déclarations bien intentionnées du président Al Johnson qui déclarait au début de la campagne référendaire que «la liberté ne sera pas violée, pas même au nom de l'intégrité du pays[42]».

Une analyse des journaux télévisés de quatre stations de télévision de Montréal, effectuée par trois universitaires pendant la dernière semaine de la campagne référendaire, a démontré ce qui suit[43]:

– Ce sont les canaux privés qui ont consacré au référendum la plus grande proportion de leurs nouvelles. CBFT (Radio-Canada) se différencie le plus nettement des autres par sa moindre couverture de l'événement.

– CBFT (Radio-Canada) a offert le plus fort pourcentage de nouvelles internationales et le plus faible pourcentage de nouvelles nationales; CBMT (CBC) a offert le plus fort pourcentage de nouvelles nationales; CFTM (Télé-Métropole) a offert le plus fort pourcentage de nouvelles provinciales et régionales-municipales; et CFCF a eu une répartition à peu près égale entre nouvelles internationales, nationales et régionales.

– Le canal public francophone CBFT est celui qui a présenté proportionnellement le plus les ministres fédéraux, et ce d'une manière significative.

– Quarante-trois pour cent des personnages présentés ont favorisé le «Oui» et 57 p. 100 le «Non». En fait de durée, l'avantage du «Non» diminue, 53 p. 100 de la durée de ces mêmes nouvelles étant consacrés au «Non» contre 47 p. 100 au «Oui».

---

42. «À Radio-Canada, la liberté de presse passe même avant l'intégrité du pays», *Le Devoir*, 18 avril 1980, p. 7.
43. André H. Caron, Chantal Mayrand, David E. Payne, «L'imagerie politique à la télévision: les derniers jours de la campagne référendaire», *Revue canadienne de science politique*, vol. XVI, n° 3, septembre 1983, p. 473-488.

Les auteurs de l'étude constatent que la chaîne française de Radio-Canada a adopté une politique de retrait ou du moins de discrétion face au référendum. Pour eux, il ne fait aucun doute que cette circonspection a été motivée par les réactions des politiciens fédéraux à la suite de la victoire du Parti québécois en novembre 1976 et par l'enquête du CRTC sur Radio-Canada en 1977.

Conclusion

Par leur passivité, les journalistes n'ont-ils pas fait le jeu des forces fédéralistes et de leurs alliés, les patrons de presse, qui ne demandaient pas mieux que de neutraliser les artisans de l'information?

C'est du moins le sentiment des deux politologues Guy Lachapelle et Jean Noiseux, qui estiment que les journalistes se sont trouvés tiraillés entre leur sympathie péquiste et leur emploi. «De peur de perdre leur crédibilité et d'être taxés de porte-parole du gouvernement du Québec, ils se sont autodisciplinés, ce qui a eu pour conséquence de rendre la presse écrite fort terne[44].» Ils notent que les journalistes ont inondé leurs lecteurs de faits et d'anecdotes lors de la campagne référendaire, et que le tout ressemblait davantage à une salade printanière.

Denis Monière affirme de son côté que les journaux ont refusé de couvrir systématiquement les manifestations des regroupements pour le «Oui» qui se créaient ici et là. Il pense que la stratégie de dispersion et de pénétration en profondeur du camp pour le «Oui» par la création dans les milieux de vie de milliers de regroupements a été un échec parce que la structure de l'information favorise le *star system*, le combat des chefs[45].

---

44. Édouard Cloutier, *op. cit.*, p. 140.
45. *Ibid.*, p. 102. Selon lui, deux convocations de presse lors de la formation du regroupement des Montréalais n'ont pas fait bouger les journalistes.

Où étaient donc passés les reportages d'envergure? Les choix de société qui s'offraient aux Québécois ont-ils été expliqués aux lecteurs? Pourquoi les journalistes n'ont-ils pas mieux interrogé les dirigeants péquistes sur leur projet d'association économique qui semblait leur talon d'Achille?

Pourquoi n'ont-ils pas harcelé Trudeau sur ses promesses d'un fédéralisme renouvelé et sur la nature des changements envisagés? Pourquoi ne se sont-ils pas souciés de présenter aux citoyens de façon systématique ce à quoi ils s'engageaient en votant oui ou non? Voilà autant de mystères qui demeurent sans réponse, mais qui provoquent encore des rebondissements une décennie plus tard puisque la question constitutionnelle n'a toujours pas été résolue[46].

«C'est en allant au-delà des thèmes que voudront leur imposer les hommes politiques que les médias feront vraiment leur travail en faisant obstacle aux manœuvres subtiles des conseillers en communications de tout acabit[47]», avait recommandé avec sagesse Florian Sauvageau avant le référendum.

Comme on peut le constater, le Quatrième pouvoir n'a pas été à la hauteur. Après deux décennies de luttes (dans les années 60 et 70), les journalistes sont devenus en 1980 la proie facile de ce que Denys Arcand aurait décrit comme «le confort et l'indifférence».

Lors du congrès annuel du Centre pour le journalisme d'enquête tenu à la fin de mars 1980 à Montréal, les journalistes anglophones et francophones tentaient de répondre à la question quelque peu provocante qui leur demandait si les médias francophones devaient adopter l'attitude militante du seul quotidien anglo-

---

46. Au moins un journaliste, Jean-Claude Picard, a critiqué la couverture journalistique du référendum en signalant qu'on était resté en deçà de ce qu'on fait habituellement lors de scrutins électoraux. *Le "30"*, vol. IV, n° 6, juin 1980, p. 10-11.
47. Florian Sauvageau, *op. cit.*, p. 62.

phone du Québec, *The Gazette*, dont la «couverture» est orientée, sans détour, vers le «Non» au référendum?

Yves Gagnon, propriétaire de l'hebdomadaire *Le Canada français* de Saint-Jean et professeur en journalisme à l'université Laval, avait donné la réponse suivante:

> Les médias francophones font preuve de naïveté en s'imaginant qu'ils vont couvrir le référendum avec objectivité ou selon une politique d'équilibre de l'information. La seule couverture possible, c'est le rapport de forces... Cette approche, plus radicale, perçoit les médias comme partie intégrante des rapports de forces à l'intérieur d'une société. Il ne s'agit plus d'idéaliser leur rôle dans le développement de sociétés dont les intérêts divergents sont continuellement en lutte pour la recherche du pouvoir[48].

Il avait raison puisque la plupart des médias écrits francophones (par leur direction) ont pris position en très grande majorité pour le «Non» pendant la campagne référendaire.

Dans la tradition journalistique actuelle qui privilégie l'information, les patrons de presse et les journalistes ont arrêté en commun, par convention collective, certaines règles de conduite dont l'objectif est d'assurer un certain équilibre de l'information et d'écarter toute obstruction ou intervention interne ou externe à la publication des nouvelles.

Or, pendant la campagne référendaire, les journalistes ont été l'objet des manœuvres subtiles de certains conseillers en communication. C'est particulièrement vrai du côté du camp du «Non» qui a réussi le tour de force d'intimider les journalistes francophones

---

48. Louis Fournier, «Au fond, un rapport de force...», *Le "30"*, vol. IV, n° 4, avril 1980, p. 11-12.

en les amenant à pratiquer l'autocensure et l'autodis-
cipline dans leurs écrits.

Il est fort probable que, si le camp du «Oui» avait
été plus vigilant et avait lui aussi exigé que les médias
en général fassent preuve d'un peu plus d'équité dans
la couverture de la campagne référendaire, la situation aurait pu être redressée.

De leur côté, les journalistes de la presse écrite
auraient pu exiger des garanties minimales de la part
de leurs patrons en ce qui concerne les libertés
d'expression, d'opinion et d'association dont ils jouissent au même titre que les autres citoyens. En ce sens,
il n'aurait été que normal qu'ils puissent exprimer au
moins collectivement leur dissidence dans les pages
d'opinion de leur quotidien ou hebdomadaire. Par
insouciance ou désabusement, ils n'ont pas revendi-
qué ce droit.

Dans leur grande majorité, les patrons de presse
ont exercé leurs libertés d'expression et d'opinion.
Qu'ils aient réussi à imposer la neutralité chez les
journalistes ou encore à leur défendre d'exprimer une
opinion défavorable relève sans aucun doute d'un
déséquilibre dans les rapports de force. Ou, plus concrètement, d'un déni de la Charte des droits et libertés.
Il y a fort à parier que la situation sera la même lors du
ou des prochains référendums sur l'avenir du Québec.

CHAPITRE VIII

Les intellectuels, les jeunes et le référendum

Dans les débats qui concernent l'avenir de la société, les intellectuels, ces personnes qui gagnent leur vie par l'écriture ou par l'enseignement universitaire qu'elles dispensent aux générations qui les suivent ou par les recherches savantes qu'elles effectuent, sont généralement en première ligne.

Curieusement, lors de la campagne référendaire du printemps 1980, les intellectuels furent très peu nombreux à se manifester publiquement même s'ils constituent un contingent assez important[1]. Tout au plus deux ou trois dizaines d'intellectuels prirent la peine d'exposer dans les journaux ou les revues leur motivation à appuyer l'un ou l'autre camp en présence.

De leur côté, les étudiants de niveau collégial et universitaire qui penchaient très fortement pour le camp du «Oui» (75 p. 100) furent assez silencieux dans ce débat national. Ils semblaient plus préoccupés par la situation internationale (l'invasion russe de l'Afghanistan et la révolution islamique en Iran) ou par la définition d'un projet étudiant de société.

Trois tendances se manifestèrent parmi les intellectuels qui exprimèrent leur opinion: ceux qui adhé-

---

1. On comptait en 1980 dans les universités québécoises 7480 professeurs à temps plein, selon Statistique Canada. Voir «Éducation au Canada», *Revue statistique 1979-1980*, p. 168.

raient au camp du «Oui», ceux qui adhéraient au camp du Non et ceux qui exprimèrent leur intention d'annuler leur vote. Mais tant dans le camp du Oui que dans celui du «Non», les motivations pouvaient varier.

Ainsi, dans le camp du «Oui», on retrouvait les «souverainistes-associés» qui appuyaient entièrement la démarche du gouvernement Lévesque, les «Oui stratégiques» qui adhéraient à ce camp dans le but de renforcer l'État québécois et les «Oui critiques» qui, tout en étant très peu emballés par le projet de société véhiculé par le gouvernement, estimaient néammoins qu'il s'agissait d'une étape prometteuse[2].

Dans le camp du Non, on retrouvait les adhérents d'un fédéralisme renouvelé et les inconditionnels du *statu quo*.

Enfin, des intellectuels d'extrême gauche ont prôné l'annulation ou l'abstention. Nous y reviendrons plus loin.

Les souverainistes-associés

Les intellectuels qui ont appuyé à fond le projet de souveraineté-association du gouvernement Lévesque le faisaient dans le but de donner au peuple québécois une plus grande liberté politique et plus de pouvoir à l'État du Québec. Ils ont évoqué aussi le droit au développement économique, à l'épanouissement culturel, à la différence, à la nécessaire prise en charge des responsabilités collectives, au besoin de cultiver une solidarité de base et ils ont fait appel à la dignité.

Ainsi, pour Denis Monière, professeur au Département de science politique de l'Université de Mont-

---

2. Nous empruntons cette catégorisation à Louise Brouillet dans *Analyse du discours référendaire dans* Le Devoir, mémoire de maîtrise, Science politique, Université de Montréal, juin 1987, 321 p.

réal, la question posée aux Québécois va bien au-delà des querelles d'hommes, de partis et d'ambitions, car l'enjeu du référendum sur la souveraineté-association est l'épanouissement du peuple québécois en tant que communauté structurée: «Nous pensons que pour le peuple québécois, le contrôle de tous les pouvoirs politiques propres aux États souverains est devenu une nécessité historique, en ce sens où c'est la seule façon d'inverser un processus de désintégration qui, autrement, serait inéluctable et fatal[3].»

Pierre Vadeboncœur voit dans la souveraineté de l'État québécois un moyen de parvenir au développement économique et de réagir au complexe politico-industriel canadien. Selon lui, cela favoriserait Montréal qui lui apparaît avoir été négligé par l'État fédéral[4]. Pour Marcel Rioux, l'accession à la souveraineté, ce n'est pas seulement pour redresser les torts qu'on a faits au Québec pendant cette longue période de dépendance, mais surtout pour assurer l'épanouissement de la culture dans les décennies qui viennent[5].

François-Albert Angers voit dans le projet de souveraineté-association la nécessaire liberté de se réaliser en tant qu'individu et en tant que peuple et nation. Il note que l'école nationaliste de Lionel Groulx à laquelle il a déjà appartenu soutenait que, dans la Confédération canadienne, la base de la pleine souveraineté résidait dans les provinces et que la seule question qui se posait était celle de l'opportunité de récupérer les pouvoirs confiés au gouvernement fédéral et de réaliser l'indépendance totale.

---

3. Denis Monière, *Les enjeux du référendum*, Montréal, Éditions Québec/Amérique, 1979, p. 203.
4. Pierre Vadeboncœur, «Les réflexions d'une anglophone», *Le Devoir*, 10 avril 1980, p. 10.
5. Marcel Rioux, «Le besoin et le désir d'un pays», *Possibles*, vol. IV, n° 2, hiver 1980, p. 12.

Jusqu'à ce que commence l'offensive centralisatrice de 1945, les nationalistes n'ont pas cru à cette opportunité. Pour le comprendre, il faut voir qu'environ jusque-là, les statistiques démographiques depuis le début du siècle laissaient prévoir que notre natalité nous assurerait la majorité dans tout le Canada vers 1981. C'est l'irresponsabilité nationale de nos représentants à Ottawa dans leur collaboration aux politiques d'immigration qu'il faut en grande partie rendre responsable de ce que ce rêve ne soit pas devenu réalité car ils ont presque toujours eu la balance du pouvoir aux Communes[6].

Fernand Dumont, qui a opté pour l'indépendance bien longtemps avant le référendum, reconnaît que la question référendaire qui demande la permission de négocier la souveraineté-association est bien modeste, mais cela ne lui déplaît pas en ce sens qu'elle force les Québécois à ne pas abuser des utopies pour se rassurer sur leur impuissance. «Nous voilà enfin réduits au sevrage, forcés de faire un choix qui comporte des conséquences pratiques... La décision à laquelle nous sommes confrontés symbolise toutes les autres initiatives que nous aurons à mettre en route, car nous sommes incités à échanger des phantasmes pour des responsabilités[7].»

Jacques Grand'Maison constate l'à-propos des petites nations progressistes qui ont su cultiver leur solidarité interne de base et leur audace collective, même dans des contextes conflictuels angoissants, dans des environnements parfois hostiles ou oppresseurs. Mais il met en garde contre certains groupes

6. François-Albert Angers, «Le Québec de demain en rêve ou en utopie?», *Possibles,* vol. IV, n° 2, hiver 1980, p. 16-17.
7. Fernand Dumont, «Lettre à Marcel Rioux», *Possibles,* vol. IV, n° 2, hiver 1980, p. 36.

idéologiques d'ici (allusion aux extrémistes) qui, tout en refusant toute forme de concertation «sociétaire», pratiquent un aveuglement historique et politique d'une extrême gravité pour l'avenir du peuple québécois[8].

Jean-Louis Roy endosse le projet de souveraineté-association principalement pour mettre fin à cette dépendance qui souille la vie. «La dépendance, c'est l'aliénation, l'incarcération des êtres dans leur propre esprit et dans leur propre corps tranformés en prison des désirs, de l'expression, de la tendresse, de la création, de la parole et du geste libre[9].»

«Comment pourrait-on préférer rester une "province" au lieu de se donner une patrie, d'autant que l'avènement de cette patrie rendrait aussi sa souveraineté au Canada anglais et qu'entre les deux, alors, la plus large et la plus fructueuse coopération serait enfin possible[10]?» se demande Jean-Marc Léger, ex-secrétaire général de l'Agence de coopération culturelle et technique des pays de langue française.

Selon lui, «hors du Oui au référendum notre histoire n'aurait plus de sens. Le Oui est porteur de dignité et de progrès, il s'inscrit naturellement et logiquement dans le déroulement de notre histoire.»

Pour l'archéologue Patrick Plumet, la vie ne se développe que par différenciation. C'est la raison qui l'incite à appuyer tout mouvement visant à assumer une différence, car il estime que l'uniformisation régressive résultant du développement aberrant des États super-puissants font courir les plus graves dangers au monde. «L'interdépendance croissante à

---

8. Jacques Grand'Maison, «Cheviller l'angoisse et l'audace», *Possibles*, vol. IV, n° 2, hiver 1980, p. 64.
9. Jean-Louis Roy, «La fin de toutes les dépendances», *Possibles*, vol. IV, n° 2, hiver 1980, p. 108.
10. Jean-Marc Léger, «Un choix de raison et de dignité. Oui à l'avenir», *Le Devoir*, 6 mai 1980, p. 9.

laquelle aucune société contemporaine ne peut échapper n'est viable que par la souveraineté politique de chacune de ces sociétés. Il n'y a plus de territoire à conquérir, il n'y a plus de peuple qui puisse tolérer la domination sans disparaître[11].»

Ce droit à la différence a aussi été évoqué par Gaston Miron lors de la formation du regroupement des écrivains pour le «Oui» qui rassemblait 150 personnalités. «Écrire en français en Amérique du Nord, c'est déjà être révolutionnaire, c'est déjà introduire une différence. C'est refuser que notre littérature soit en annexe d'une culture globale[12].»

Les «Oui critiques»

Les intellectuels critiques du «Oui» partagent, en partie, l'opinion des souverainistes sur la question de l'État, mais ils estiment que le gouvernement québécois a eu trop tendance à favoriser la création d'une bourgeoisie nationale francophone depuis la Révolution tranquille. Ils reprochent également à l'appareil politique québécois d'être trop technocratique et d'aller à l'encontre des revendications de la classe ouvrière et des groupes populaires aux visées plus socialisantes.

En votant oui, les intellectuels critiques espèrent que l'aménagement d'un espace économique et politique pour le capital québécois va engendrer un potentiel déstabilisateur et dérangeant pour l'État fédéral et l'ensemble des forces capitalistes canadiennes et américaines et favoriser ainsi l'apparition de meilleures conditions concrètes pour un débordement populaire[13].

11. Patrick Plumet, «Les Canadiens du Québec et le référendum», *Le Devoir*, 16 mai 1980, p. 10.
12. «Le OUI des écrivains», *Le Devoir*, 17 mai 1980, p. 10.
13. Marc Ferland, Yves Vaillancourt, *Socialisme et indépendance au Québec: pistes pour le mouvement ouvrier et populaire*, Montréal, Éditions Albert Saint-Martin, 1981, p. 17.

Cette tactique supposait une intervention dans la campagne référendaire de façon autonome, loin de l'ombrage du parapluie du «Oui». Yves Bélanger, Gilles Bourque et Yves Vaillancourt estimaient qu'il fallait briser le monopole du PQ sur la question nationale: «Le Oui critique, c'est un des jalons qui permettra de reprendre l'initiative sur le terrain hégémonisé par le PQ. Il importe surtout que dans la conjoncture post-référendaire continue de s'affirmer un projet social et national fidèle aux intérêts des couches populaires québécoises, celui du socialisme et de l'indépendance[14].»

Le sociologue Jacques Mascotto note que la poursuite de réformes hardies qui associent les intérêts et les besoins concrets de la population au projet de souveraineté du Québec s'impose comme la seule voie qui puisse déboucher sur une démocratie fondée sur une légitimité populaire. «Le Oui que porte et proclame le nationalisme québécois est donc un Oui de participation populaire, de volonté de changement qui échappe à la polarisation facile et commode entre francophones et anglophones[15].»

Andrée Ferretti envisage aussi la réalisation d'une forme d'organisation sociale dans laquelle l'exercice du pouvoir ne sera plus fonction de domination, mais le lieu d'élaboration, d'expression et d'intégration de la multiplicité des projets populaires. Bref, la possibilité d'instaurer un modèle inédit de société[16].

Pour Robert Barberis et Pierre Drouilly, fervents adeptes de la démocratie de participation, la victoire du «Oui» représente l'occasion de définir un projet de société où régnerait plus de démocratie économique,

---

14. Yves Bélanger, Gilles Bourque et Yves Vaillancourt, «La percée du "Oui critique"», *Le Devoir*, 14 mai 1980, p. 8.
15. Jacques Mascotto, «La question: la démocratie», *Le Devoir*, 15 mai 1980, p. 9.
16. Andrée Ferretti, «Une belle présence au monde», *Possibles*, vol. IV, n° 2, hiver 1980, p. 38-39.

politique, sociale et culturelle, c'est-à-dire une meilleure répartition des richesses, du pouvoir, du bien-être, du savoir et de la créativité[17].

L'écologiste Michel Jurdant estime pour sa part que le Oui à la souveraineté-association est une étape vers la conquête de la «souveraineté des régions, des villes, des villages et des quartiers», une décentralisation étatique qui profiterait aux petits ensembles[18].

La voix du «Oui critique» n'a pas eu de portée à proprement parler politique puisqu'elle n'a pas été suivie par la création de regroupements organisés de militants. La campagne du «Oui critique» n'a pas débordé les cercles des militants et militantes les plus politisés.

Les intellectuels critiques du «Oui» qui espéraient s'appuyer sur une mobilisation des centrales syndicales ont dû déchanter puisque même les centrales syndicales étaient divisées entre elles, la CEQ décidant de ne pas intervenir dans le débat référendaire, la FTQ prenant position pour le «Oui» et la CSN ne se décidant à appuyer le «Oui» qu'un mois avant la date du référendum. Bref, cette position timorée aura eu pour effet de retarder d'une décennie l'évolution de la question nationale et d'initier un fort courant de droite dont a été victime la gauche.

Les «Oui stratégiques»

Bien qu'ils furent peu nombreux, les intellectuels qui se sont prononcés pour un «Oui stratégique» l'ont fait par leur profonde conviction que seul un oui forcerait le Canada anglais à négocier un fédéralisme renouvelé ou encore une véritable confédération.

---

17. Robert Barberis, Pierre Drouilly, *Les illusions du pouvoir*, Montréal, Éditions Sélect, p. 138-141.
18. Michel Jurdant, «Le Oui d'un écologiste», *Le Devoir*, 25 avril 1980, p. 13.

C'est le cas du sociologue Léon Dion qui voyait dans le référendum une épreuve de force entre des idées politiques et constitutionnelles opposées. Pour lui, le fédéralisme renouvelé préconisé par le Livre beige du Parti libéral du Québec ne reprend même pas le concept d'asymétrie des provinces préconisé par la commission Pépin-Robarts et retombe dans le fonctionnalisme le plus balourd. À ses yeux, ce qui consacre la supériorité essentielle du Livre blanc, c'est le fait que le projet de société qu'il véhicule serait beaucoup plus susceptible, une fois replacé par l'autre partie aux négociations dans un contexte canadien, de convenir au Québec que ne le serait le projet de société sous-jacent au Livre beige. «Je dirai "oui" parce qu'il me sera plus facile, après le référendum, de continuer à chercher les voies d'une réforme constitutionnelle et politique qui soit le plus possible en accord avec les structures sociales du Québec comme celles des neuf provinces anglophones telles que les vivent les individus et les collectivités[19].»

L'autre raison qui le pousse à voter oui, c'est le traitement de choc qu'il croit nécessaire d'administrer aux anglophones pour qu'ils soient en mesure de comprendre l'étendue de la crise canadienne et la nécessité d'une réforme en profondeur.

Louis Balthazar, politicologue à l'Université Laval, exprime sensiblement la même opinion. Il soutient qu'en lisant attentivement le Livre blanc du gouvernement Lévesque, il serait possible de démontrer qu'il n'existe pas de différence qualitative entre la souveraineté-association et le fédéralisme renouvelé.

Selon lui, les revendications exprimées par un bon nombre de fédéralistes québécois se ramènent à

---

19. Léon Dion, *Le Québec et le Canada. Les voies de l'avenir*, Montréal, Éditions Québecor, 1980, p. 232-235.

une seule: que le Québec soit considéré comme la patrie d'un peuple distinct, comme un réseau de communication autonome, comme l'expression politique du Canada français. Il met en garde les Québécois qui vont voter non:

> Si les Québécois allaient croire sur parole que leur NON à la souveraineté-association amènerait miraculeusement ce changement attendu depuis plus de quinze ans, alors que personne, ni à Ottawa ni dans les autres provinces, ne nous a défini le changement dont ils nous parlent, alors que pas même le Livre beige du PLQ ne satisfait vraiment les aspirations fondamentales déjà exprimées, ils auraient avalé une couleuvre comme jamais dans leur histoire[20].

Fédéralisme renouvelé ou fédéralisme tout court

En raison sans doute d'une absence de définition à laquelle plusieurs universitaires auraient pu se rallier, on peut compter sur les doigts d'une seule main les intellectuels qui ont épousé publiquement la cause du fédéralisme renouvelé. Ceux qui l'ont fait ont été vagues à souhait sur le type de pouvoirs que le Québec devrait récupérer afin de se sentir confortable au sein du Canada.

Kimon Valaskakis se demandait en 1978 si la souveraineté-association préconisée par le Parti québécois n'était pas en fait la troisième option, se situant à mi-chemin entre le *statu quo* et la souveraineté intégrale. Selon lui, l'opposition entre la «souveraineté-association» et le «fédéralisme rénové» n'est pas un

---

20. Louis Balthazar, «Le OUI conduit-il à l'impasse?», *Le Devoir*, 13 mai 1980, p. 8.

vrai problème, mais c'est plutôt la question de savoir si le Canada a une chance de survivre au départ même symbolique du Québec qui est en cause, car cela pourrait signifier l'unification de tout le continent américain sous l'égide des États-Unis.

Au cours de la campagne référendaire, il affirmera qu'un «non au référendum n'est certainement pas un oui pour le *statu quo*», mettant l'accent sur la nécessité d'une réforme constitutionnelle, mais sans indiquer ce qu'elle devrait être[21].

Robert Bourassa, qui était en 1980 professeur à l'Université Laval, a toujours exprimé publiquement son attachement pour une formule fédérative. Il notait que le Québec était en voie d'obtenir, au moins *de facto*, son autodétermination culturelle, mais qu'il fallait transformer cette situation de fait en situation de droit dans une nouvelle constitution[22].

Gérard Dion se disait convaincu qu'un vote «Oui» au référendum, loin d'accroître le *bargaining power* du Québec, le diminuerait et augmenterait celui des autres partenaires (or c'est exactement le contraire qui s'est produit; les Québécois ont voté non et ils ont vu leur *bargaining power* diminuer). Signalant qu'il voterait non à la souveraineté-association, il estimait que c'était encore à l'intérieur d'un fédéralisme rénové que notre groupe ethnique avec sa culture serait plus en mesure, avec le moins d'inconvénients, de conserver son identité et de s'épanouir[23].

---

21. Kimon Valaskakis, «La souveraineté-association est-elle la troisième option?», dans *La souveraineté du Québec: aspects économique, politique et culturel*, Actes du Colloque annuel, Association canadienne des sociologues et anthropologues de langue française, Ottawa, Université d'Ottawa, 11 et 12 mai 1978. Voir aussi, du même auteur, *Le référendum et les défis du futur*, Les Québécois pour le Non, avril 1980, 38 p.
22. Robert Bourassa, «La souveraineté-association n'est pas la meilleure solution au problème québécois», *Le Devoir*, 11 avril 1980, p. 9.
23. Gérard Dion, «Le OUI, un suspense qui divise», *Le Devoir*, 14 mai 1980, p. 9.

Gérard Bergeron qui a toujours refusé de dire pour quel camp il voterait lors du référendum disait que, quelle que soit son issue, ce qui importait c'étaient les négociations qui suivraient afin de rendre le fédéralisme enfin réformable. «Le Québec: c'est la terre, la réalité quotidienne, le vécu des familles; c'est l'identité. Le Canada: c'est l'espace, la mobilité économique, le risque le moins mauvais sur l'avenir, c'est l'enveloppe protectrice[24]», écrivait-il.

D'autres ont plutôt penché carrément pour le *statu quo*. C'est le cas de Jean-Marie Hamelin, professeur de philosophie à l'Université Laval, pour qui les Québécois sont un accident de l'histoire qu'il faut assumer et dépasser «en vivant intensément et humainement, un cœur conscient, et non en criant oui à un projet de société condamnée, société de marchandises et de machines négatrice de l'homme et de la femme que l'on veut nous faire avaler sous l'étiquette *made in Québec*[25]».

Philippe Garigue, professeur de science politique à l'Université de Montréal, estime que le fédéralisme est moralement et politiquement supérieur au nationalisme, car il part de la reconnaissance des droits de tous et permet une action collective pour le développement de tous.

Il affirme qu'il n'existe plus, dans les pays industriels et fortement urbanisés, d'identité communautaire politique qui soit celle venant d'une seule ethnie, d'une seule religion, d'une seule culture ou d'une seule langue. «Le pluralisme communautaire a introduit une différenciation de plus en plus grande entre ces aspects et la notion de l'État... Seul le fédéralisme

---

24. Gérard Bergeron, *Syndrome québécois et mal canadien*, Québec, Les Presses de l'université Laval, 1981, p. 136 et 162.
25. Jean-Marie Hamelin, «Un faux changement», *Le Devoir*, 30 avril 1980, p. 9.

permet de reconnaître l'identité spécifique à chaque communauté linguistique, culturelle ou ethnique, composant le Québec[26]...» Le professeur Garigue a évité de donner des exemples et il n'est pas certain que le cas américain s'applique intégralement à son raisonnement.

Signalons enfin que deux éminents écrivains ont appuyé publiquement le «Non». Il s'agit de Gilles Marcotte, directeur du Département d'études françaises de l'Université de Montréal, pour qui il n'est pas nécessaire qu'une communauté culturelle ait un État complètement indépendant pour s'épanouir et qui estime que les écrivains n'ont pas de compétences particulières pour dessiner les conditions proprement politiques de vie de la collectivité. Pour sa part, l'écrivain Robert Choquette se demande quelle marge bénéficiaire de liberté nous pourrions gagner hors du Canada en notant que, depuis vingt ans, le développement culturel du Québec témoigne que nous recouvrons à vue d'œil «notre paradis perdu[27]».

S'abstenir ou annuler

Comme nous l'indiquions précédemment, un certain nombre de membres de l'intelligentsia, à l'instigation de Charles Gagnon et Pierre Vallières, ont préconisé l'abstention ou l'annulation.

Charles Gagnon avait expliqué en février 1980 pourquoi le groupe marxiste-léniniste En Lutte préconisait l'annulation[28]. Il disait que la question telle que formulée n'offrait pas un choix clair au peuple québé-

---

26. Philippe Garigue, «Mon "non" à la question référendaire», *La Presse*, 8 mai 1980, p. A 16.
27. Claude Gravel, «Le cas paradoxal d'un écrivain pour le NON», *La Presse*, 17 mai 1980, p. 6. Robert Choquette, «Un Québec épanoui au Canada», *Le Devoir*, 19 mai 1980, p. 6.
28. Lysiane Gagnon, «En lutte dans la bataille référendaire», *La Presse*, 6 février 1980, p. A 6.

cois et constituait une tentative de fausser la portée réelle des luttes des dernières années contre l'oppression nationale. De plus, comme la loi référendaire obligeait les tenants du «Non» à se regrouper sous un seul parapluie, dirigé par Claude Ryan, il s'agissait d'un mariage impossible, car même si En Lutte était fédéraliste, il était avant tout socialiste. Le Parti communiste ouvrier, de tendance maoïste, adoptera la même position[29].

De son côté, Pierre Vallières préconisait l'abstention parce qu'il ne voulait pas faire le jeu d'un «étapisme qui ne conduit pas à l'indépendance du Québec mais tout au plus à la négociation d'un fédéralisme renouvelé[30]». Selon lui, un Non majoritaire à la question référendaire ramenerait le débat au point où il était avant l'arrivée au pouvoir du PQ.

Cette attitude lui avait valu une verte réprimande de François Ricard qui estimait qu'il avait dû contracter le «syndrome de Péguy» (l'opposition entre mystique et politique) et qu'il devait être atteint de l'«effet Aquin» (l'héroïsme dans la défaite). «Qu'elle [la critique] ne soit pas un simple appel à la "pureté", solution facile et démagogique, une caricature de critique, en vérité, quand le vrai rôle des esprits libres devrait être de chercher constamment la lucidité, non de regretter la perte de quelque passion juvénile et mystique[31].»

Dans l'ensemble des intellectuels qui se sont prononcés publiquement et de façon individuelle, il se dégage une nette majorité pour le «Oui». À cela il faut ajouter une soixantaine d'économistes qui avaient

---

29. Comité central du PCO, «Pour l'annulation au référendum», *Octobre*, n° 8, printemps 1980, p. 11.
30. Denis Lessard, «Référendum: Vallières incite les gens à ne pas voter», *Le Soleil*, 31 janvier 1980, p. A 5.
31. François Ricard, «Un cas étrange», *Liberté*, vol. XXII, n° 2, mars-avril 1980, p. 15-20.

formé le Regroupement des économistes pour le «Oui». Toutefois, il faut relativiser la portion des intellectuels favorables à cette option, compte tenu qu'ils étaient plus de 7 000 à enseigner dans les universités québécoises. Il y a des indices qui permettent de croire que les intellectuels étaient fort nombreux à épouser le «Non» puisque le Regroupement national pour le Non avait établi une liste de 600 professeurs d'université favorables à cette option dont 161 de l'université McGill, 120 de l'Université de Montréal et 117 de l'Université de Sherbrooke[32].

Du MÉOUI au CÉNON

Le MÉOUI (Mouvement étudiant pour le Oui) avait été mis sur pied en octobre 1979 à la suite d'un colloque de sensibilisation au référendum organisé par la Société Saint-Jean-Baptiste de Montréal. Même s'il appuyait la question posée par le gouvernement lors du référendum, le mouvement était plutôt autonome et prenait soin de se démarquer du gouvernement, du Parti québécois et, dans une certaine mesure, de sa position constitutionnelle. Ses activités étaient assurées par un fonds de 40 000 $ qui provenait de la Fondation des Québécois pour le «Oui» et du Parti québécois auquel s'ajoutait la somme de 32 000 $ (dont une bonne partie en services) fournie par la SSJB-M.

Lors de sa création, la SSJB-M voyait grand en pensant qu'il serait possible au mouvement étudiant de déborder le cadre des institutions scolaires et d'embrigader la jeunesse non-étudiante et la population en général derrière le «Oui».

---

32. Archives du Parti libéral du Québec, *Liste des professeurs d'université qui ont officiellement adhéré aux objectifs du comité du NON*, 16 mai 1980.

Même si le MÉOUI a compté au plus fort de son activité quelque 2 000 militants actifs en mars et avril 1980, il n'a pas su déborder le cadre des institutions scolaires où il était impliqué. Sa plus grande réussite a été d'attirer 7 000 personnes à un spectacle pour le «Oui» au Centre Paul-Sauvé en mai 1980.

À cause de sa décentralisation à l'extrême, note Suzanne Lahaie, le MÉOUI souffrait d'un manque de coordination et d'initiative du côté de ses structures nationales. «En février et en mars 1980, la direction nationale était plus occupée à prévoir l'après-référendum des jeunes en préparant un projet de société, que de coordonner ou stimuler les 62 comités locaux[33].»

Le député Jean-Pierre Charbonneau qui avait été désigné par le gouvernement pour coordonner l'activité du réseau étudiant avec les forces du «Oui» en a été exclu. De même, tout en reprenant les positions du Livre blanc sur la souveraineté-association qui dénonçait la domination culturelle et politique des Québécois, le MÉOUI s'en est fait le critique en s'élevant contre l'absence de précision sur les garanties des droits actuels des Indiens et Inuit[34].

Malgré ses carences, le MÉOUI a su obtenir l'adhésion de la très grande majorité des étudiants de niveau postsecondaire.

Les comités CÉNON (Comités étudiants pour le non) étaient en fait des cellules libérales, organisées et financées par la commission Jeunesse du Parti libéral du Québec. Présents dans 46 institutions, ces cellules étaient chapeautés par une direction provinciale et une dizaine de coordonnateurs régionaux.

---

33. Suzanne Lahaie, *Le mouvement étudiant pour le Oui (Méoui) au Québec comme mouvement d'opinion*, mémoire de maîtrise, Science politique, Université de Montréal, janvier 1981, p. 147.
34. Richard Bousquet, «Du Méoui au Oui mais», *Le Temps Fou*, n° 9, mars-avril-mai 1980, p. 9.

Se rangeant inconditionnellement derrière l'option constitutionnelle de leur chef, Claude Ryan, le CÉNON visait surtout à s'implanter dans le milieu étudiant en formant des animateurs étudiants, en vendant des cartes du Parti libéral et en mettant sur pied des comités permanents. Cette stratégie visait autant la campagne référendaire que l'élection provinciale qui allait suivre.

Mais dans l'ensemble, la campagne du CÉNON fut assez désastreuse si l'on en croit un rapport d'étape des représentants des jeunes dans le comté de l'Acadie. «La participation a été décevante, nous nous sommes butés à un mur d'indifférence[35]», expliquent-ils dans une lettre à un responsable du CÉNON.

Dans les cégeps et collèges privés de la région de Montréal, les sondages effectués par le CÉNON ont démontré que les deux tiers des étudiants appuyaient le «Oui». Une exception à la règle au collège de L'Assomption où un référendum interne donna 52 p. 100 de Non contre 48 p. 100 de Oui.

Compte tenu que le taux de participation des étudiants aux élections est généralement assez faible, le vote des 235 000 étudiants inscrits dans les cégeps et des 80 000 étudiants (à temps plein) des universités du Québec en 1980 n'a sans doute pas été significatif dans les résultats du référendum. Il aurait sans doute fallu une plus grande mobilisation du MÉOUI en dehors du cadre étudiant, entre autres par une action auprès des jeunes sur le marché du travail, pour obtenir une plus grande force de frappe, d'autant plus que la date du 20 mai n'était guère propice à une mobilisation dans le milieu étudiant, puisque à cette période les cégépiens et les universitaires ont déjà terminé leur année académique et qu'ils s'activent dans des emplois d'été.

---

35. Archives du Parti libéral, *Rapport d'étape*, Mémo envoyé à Richard Gratton, mai 1980.

«Il est paradoxal de constater que les jeunes affichent un silence obscur, voire un mépris ouvert face à ce débat référendaire qualifié pourtant de débat de la décennie[36]», affirmait Mireille Simard, étudiante, en s'étonnant de voir en l'espace d'une décennie le passage d'une jeunesse farouchement nationaliste à une autre aussi farouchement ambivalente.

«Naître à une certaine époque détermine irrémédiablement certaines approches... En 1980, ce n'est plus la jeunesse qui menace d'exploser, c'est la terre. Ce n'est plus Cohn-Bendit qui inquiète, c'est l'ayatollah Khomeiny», ajoutait-elle.

---

36. Mireille Simard, «Vous répétez toujours la même chose» dans Georges Vincenthier, *Histoire des idées au Québec. Des troubles de 1837 au référendum de 1980*, Montréal, VLB éditeur, 1983, p. 444 à 448.

CHAPITRE IX

Les syndicats face au référendum

Le flirt de certaines instances syndicales avec le Parti québécois a précédé les prises de position officielles des centrales syndicales en faveur de la souveraineté du Québec. Ce n'est qu'avec l'échec de l'Accord du lac Meech, soit dix ans après la tenue du référendum sur la souveraineté-association, que les centrales syndicales prendront le virage souverainiste.

Cet appui au PQ qui a débuté au début des années 70 n'est pas étranger à la radicalisation progressive du mouvement syndical sur le plan du discours idéologique. Cette radicalisation devait amener les centrales syndicales à se préoccuper non seulement des revendications de ses membres, mais aussi du chômage, du logement, de l'assistance sociale et de l'économie familiale. Limitée à ces champs d'action, la politique ne faisait pas encore l'objet des préoccupations syndicales malgré les prétentions du rapport du président de la CSN, Marcel Pepin, qui voulait ouvrir un «deuxième front politique» dès 1968.

Dans la mouvance de la décolonisation des années 60, on aurait pu s'attendre à ce que les centrales syndicales en viennent à prendre position pour la libération du Québec. Mais ayant lu Marx, les dirigeants syndicaux furent amenés à mettre de côté le nationalisme pour des horizons beaucoup plus utopiques.

En effet, l'apparition du courant marxiste-léniniste, qui prit de plus en plus d'importance dans les
milieux syndicaux à partir de la fin des années 60,
relégua vite la dimension nationale au second plan.
Un certain courant marxiste eut pour effet de figer
l'évolution naturelle du monde syndical québécois
vers une prise de position favorable à la souveraineté
québécoise. Le projet de société socialiste devint un
préalable à l'indépendance de sorte que, lors du référendum de mai 1980, les trois centrales se présentèrent en ordre dispersé.

Dans les années 70, Lévesque (était-ce par intui-
tion profonde ou par opportunisme?) estimait que la
création d'un parti des travailleurs était pure fiction, du
moins tant que le Québec ne serait pas indépendant.
«Dans les milieux qui le proposent, on est incapable de
définir le terme de travailleur. Et ça n'a pas de prise sur
la base, sur les travailleurs eux-mêmes», disait-il.

Il proposait la social-démocratie du PQ qu'il défi-
nissait ainsi:

> Ça signifie d'être en contact étroit avec la popula-
> tion tout en essayant de la précéder... d'être en
> avant, parce que les lois et tout le reste risquent
> toujours d'être en retard sur la réalité. Il me semble
> qu'un parti démocratique et progressiste doit
> essayer d'être en avant, en plein contact avec
> l'absorption possible de la société, en respectant le
> rythme d'évolution[1].

C'est probablement parce que les dirigeants
péquistes ont toujours résisté à l'idée de liens organi-
ques avec le monde syndical comme cela se fait dans
les partis sociaux-démocrates des pays occidentaux,

---

1. Michel Lévesque (dir.), *René Lévesque: textes et entrevues 1960-1987*,
Sillery, Les Presses de l'Université du Québec, 1991, p. 154-155 et 203.

par exemple entre le NPD et la CTC, que les centrales syndicales (particulièrement la CEQ et la CSN) se sont toujours un peu méfiées du Parti québécois même si celui-ci fut admis membre de l'Internationale socialiste. Selon Norbert Rodrigue, le PQ n'avait pas fait la preuve qu'il était un parti des travailleurs. Il avait mis Lévesque en colère lorsqu'il lui avait dit «que pour être social-démocrate, son gouvernement devait reconnaître l'existence du syndicalisme en favorisant son développement et en ayant des politiques qui supportent la concertation entre les deux partenaires[2]».

Or, malgré un préjugé favorable aux travailleurs, le gouvernement péquiste se targuait d'être le parti de tout le monde et il n'était pas question dans son esprit d'avoir des relations privilégiées avec le monde syndical. Il croyait aussi à la concertation des trois partenaires économiques (gouvernement, syndicats et patronat), mais la CSN et la CEQ, fortement influencées par les idéologies d'extrême gauche, seront réticentes à cette «collaboration de classes» qu'elles nommeront le tripartisme[3]. D'ailleurs, la CEQ refusera de participer au Sommet économique de Montebello en 1979.

Lévesque avait très peu de respect pour ce qu'il appelait «la gauche doctrinaire» ou l'extrême gauche, car il pensait qu'elle était portée à se détacher du rythme possible de la population, à plaquer des solutions toutes faites qui viennent de «sa chapelle» à elle, ce qui aboutit toujours à la marginaliser. «Elle tombe dans la marginalité ou elle plonge tout le monde dans le chaos, dans une certaine décomposition de la société. Quand elle se marginalise, elle disparaît.

---

2. Entrevue avec Norbert Rodrigue, Québec, 30 mai 1990.
3. UQAM, Collogue René Lévesque, *Économie et société: la concertation*, Communication de Francine Lalonde, 24 mars 1991.

Quand elle réussit à aboutir au chaos, en général c'est elle qui a le moins de réponses pour en sortir[4].»

Comme le PQ avait fait les frais de la crise d'Octobre alors que de nombreux ténors du gouvernement fédéral avaient démagogiquement lancé l'équation simpliste PQ-FLQ, il n'est pas étonnant de constater que Lévesque éprouvait une certaine méfiance pour tout genre d'extrémisme, et particulièrement celui de l'extrême gauche dont les centrales syndicales étaient incapables de limiter l'intrusion.

D'ailleurs le Conseil central des syndicats nationaux de Montréal (CCSNM) aurait pu passer sous le contrôle du Parti communiste ouvrier (PCO) en 1979 si l'équipe sortante dirigée par André Lauzon ne s'était pas désistée en faveur de l'équipe de Gérald Larose[5]. C'est pourtant le même Conseil, présidé par Michel Chartrand, qui fut le premier organisme syndical à recommander à ses membres de voter pour le Parti québécois aux élections générales du 29 avril 1970. Cette résolution allait à l'encontre de la position officielle de la CSN qui prônait la neutralité la plus stricte à l'endroit des partis politiques. Cet appui n'était pas étranger à la présence au sein du PQ de candidats œuvrant dans le monde syndical, notamment Robert Burns, ex-conseiller juridique à la CSN.

L'année suivante, le Conseil central des syndicats nationaux de Montréal ira encore plus loin en appuyant le programme du Parti québécois «à la condition que des changements constitutionnels soient faits dans le cadre de la libération sociale et économique des travailleurs[6]». Au cours de ce

---

4. Michel Lévesque, *op. cit.*, p. 203.
5. Louis-Gilles Francœur, «Deux groupes feront campagne contre l'extrême-gauche», *Le Devoir*, 10 avril 1979, p. 3.
6. Louis Leborgne, *La CSN et la question nationale depuis 1960*, Montréal, Éditions Albert Saint-Martin, 1976, p. 120-121.

même congrès, le Conseil central se prononcera pour «l'édification d'un Québec indépendant basé sur le socialisme démocratique».

La désillusion gagna quelque peu les rangs syndicaux lorsque le PQ refusa de participer à la manifestation de protestation contre le lock-out du journal *La Presse* en octobre 1971, mais cela n'empêcha pas le CCSNM de recommander en 1973 de voter pour le PQ là où «les éléments progressistes des associations locales du PQ voient la lutte nationale dans une perspective de lutte contre le capitalisme[7]».

Ce même automne 1971, les trois centrales syndicales (CSN-CEQ-FTQ), dans un manifeste commun, amorcent un tournant dans la radicalisation en préconisant le changement du système capitaliste par un autre où les leviers appartiennent aux travailleurs et aux citoyens. L'objectif est donc d'instaurer le socialisme mais sans définir lequel. S'agissait-il d'un socialisme dans le cadre d'un centralisme démocratique comme en Union soviétique ou de la social-démocratie comme dans les pays scandinaves? Ou encore d'un modèle à inventer? À vrai dire, les centrales syndicales n'avaient guère de choix. Elles se devaient de favoriser l'émergence d'un vrai parti politique socialiste ou, jusqu'à ce que les circonstances le permettent, d'appuyer tactiquement le Parti québécois qui mettait de l'avant des réformes sociales.

En 1972, la FTQ qui regroupe une très forte majorité de syndicats du secteur privé régla rapidement ce dilemme en décidant d'appuyer le Parti québécois. Au début de la campagne référendaire, le 19 avril 1980, lors d'un congrès spécial, elle accordera son appui au camp du Oui, mais en refusant de se prononcer pour l'indépendance du Québec.

---

7. *Ibid.*, p. 154.

À la CSN, il en alla tout autrement. Après la publication en 1971 du manifeste radical «Ne comptons que sur nos propres moyens», un comité, le Comité des douze, avait été mis sur pied afin de faire état de la réaction de la base face au document. Le comité en était venu à la conclusion que le changement progressif du système économique était celui qui ralliait le plus grand nombre de membres. De plus, il indiquait qu'une «prise de position éventuelle en faveur de l'indépendance n'aurait pas automatiquement un caractère partisan. L'option peut se poser indépendamment des partis politiques, elle intéresse tous les Québécois[8]», y notait-on en recommandant l'organisation d'un référendum interne.

Mais la scission au sein de la CSN, avec le départ des trois D (Dion, Dalpé, Daigle) qui fondèrent la CSD, ne permit pas de régler rapidement cette question. En outre, la présence de plus en plus envahissante de groupes d'extrême gauche, qui prônaient l'unité des travailleurs dans un Canada uni pour lutter contre la bourgeoisie canadienne, était de nature à paralyser une prise de position éclairée sur la question.

Il faudra attendre le congrès spécial de juin 1979 sur la question nationale pour que les membres appuient une «démarche d'appropriation par le peuple québécois des pouvoirs et institutions politiques, économiqes et culturels[9]». Le président, Norbert Rodrigue, qui se déclarait lui-même indépendantiste, fut contraint de demander aux délégués de ne pas prendre position en faveur de l'indépendance parce qu'en l'absence d'un parti des travailleurs un tel vote placerait les syndicats à la remorque du Parti québécois.

---

8. CSN, *Procès-verbal de la 44e session du Congrès de la CSN*, Québec, p. 71-102.
9. Jacques Rouillard, *Histoire du syndicalisme québécois*, Montréal, Boréal, 1989, p. 343.

À titre de conférencier invité, Fernand Daoust, alors secrétaire de la
FTQ, s'adresse aux délégués de la CSN, réunis le 3 juin 1979 en congrès
spécial pour débattre de la question nationale. À la table, on reconnaît
Gisèle Cartier, vice-présidente de la CSN, Norbert Rodrigue, président,
et Jean-Guy Morin, secrétaire général.

Photo *Le travail*.

Au congrès spécial de la CSN en 1979, le président Norbert Rodrigue
avait demandé aux délégués de ne pas prendre position en faveur de
l'indépendance du Québec parce qu'un tel vote placerait les syndicats à
la remorque du Parti québécois.

Photo *Le travail*.

Pourquoi le congrès n'a-t-il pas suivi la démarche préconisée par le Comité des douze en 1972? Certes, un certain nombre de traditionalistes à la centrale estimaient qu'il valait mieux demeurer neutre comme cela avait été le mot d'ordre de la CSN dans le passé. Mais Norbert Rodrigue souligne que l'agissement des gauchistes a sans doute amené cette position mi-chair mi-poisson:

> Les groupes marxistes-léninistes ont produit beaucoup de confusion politique et idéologique. C'était un phénomène assez marqué et nouveau. Ils ne s'entendaient pas entre eux sauf lorsqu'il s'agissait de prendre le contrôle d'une instance syndicale ou pour influencer une prise de décision. Dans ce sens, cela créait beaucoup de distorsion dans les débats et les orientations de la centrale. C'est un peu pour cela que le congrès (de 1979) a adopté cette position, même s'il n'était pas d'accord avec les extrémistes. Dans notre esprit, se prononcer pour l'indépendance, c'était se prononcer pour le PQ. Nous n'avons sans doute pas assez clarifié cela (dissocier une prise de position en faveur de l'indépendance d'un appui à un parti)[10].

L'histoire de l'influence grandissante du marxisme dans les années 70 au Québec mériterait une étude approfondie puisque dix ans auparavant on aurait pu compter sur les doigts d'une main les personnes susceptibles d'en faire une définition articulée.

Selon Francine Lalonde, ex-présidente de la Fédération des enseignants et enseignantes du Québec (CSN) et maintenant conseillère au programme du Parti québécois, le marxisme a pris racine avec la création de la revue *Parti pris* en 1963, mais il n'a commencé à faire boule de neige que lors de la création

10. Entrevue avec Norbert Rodrigue, Québec, 30 mai 1991.

des cégeps et de l'Université du Québec à la fin des années 60[11]. De nombreux diplômés d'universités qui avaient été convertis à cette idéologie se trouvèrent facilement des emplois lors de la croissance phénoménale de la fonction publique ou parapublique. On les retrouvait surtout dans le monde de l'enseignement et dans celui de la santé. Deux centrales syndicales, la CSN et la CEQ, à cause de leurs fortes présences dans l'enseignement et le secteur de la santé ainsi qu'en raison de leurs structures particulières étaient susceptibles de devenir le terrain de prédilection des groupes marxistes-léninistes.

Il était assez facile pour les militants d'extrême gauche, s'ils faisaient preuve d'assiduité et de ténacité au sein de leurs syndicats, de se faire nommer délégués de fédérations ou de conseils centraux au Conseil confédéral de la CSN, qui est l'instance décisionnelle entre les congrès, ou encore au Conseil général de la CEQ. Avant chacune des réunions de ces instances supérieures, ils tenaient un caucus des gauches où ils mettaient de côté leurs divergences idéologiques afin de faire front commun sur une position commune.

Francine Lalonde note que les groupes d'extrême gauche ont atteint leur sommet d'influence entre 1976 et 1982, dernière année où ils se manifestèrent. Selon elle, leur action coïncide étrangement avec l'arrivée au pouvoir du Parti québécois en 1976 et l'échec du référendum de 1980. «J'ai souvent pensé que si j'avais été de la GRC, j'aurais été très active dans ces groupes-là, ne serait-ce que pour faire échouer le projet indépendantiste[12].»

La CSN n'accordera son appui au camp du «Oui», que le 11 avril 1980, lors d'une réunion de son Conseil confédéral, non sans quelques tractations

---

11. Entrevue avec Francine Lalonde, Montréal, 20 mai 1991.
12. *Idem.*

avec le premier ministre René Lévesque. En effet, en décembre 1979, la centrale avait exigé du gouvernement du PQ qu'il s'engage à soumettre au peuple du Québec un projet de constitution au moment de l'adoption de la question, et une rencontre avec Lévesque avait eu lieu le 31 mars 1980, pour en discuter[13].

Dans une lettre datée du 8 avril, Lévesque répondait que le gouvernement entendait proposer un projet de constitution comportant une déclaration des droits qui s'inspirait de la Déclaration universelle des Nations unies, mais qu'il ne pouvait prédire à quel moment puisque cela dépendait du cours que prendraient les négociations avec le reste du Canada[14]. Même si cette position ne satisfaisait pas entièrement la centrale, elle donna son aval à un appui au camp du «Oui».

Un cul-de-sac à la CEQ

À la CEQ, c'est lors du XXVIe congrès de juin 1978 que les délégués adoptèrent un certain nombre de résolutions concernant la démarche à suivre pour la tenue d'un débat sur la question nationale. Comme à la CSN, cette démarche se voulait autonome, mais on liait la position à prendre en termes de rapports de classes et «sur la base de nos intérêts comme travailleurs[15]». Le congrès décida de tenir une vaste consultation des membres, qui eut lieu en avril 1979.

Or trois présidents de syndicats d'enseignants, Rodrigue Dubé, de l'Alliance des professeurs de Montréal, Gilles Houde, du Syndicat des enseignants de la Mauricie et Robert Gauthier, du Syndicat des ensei-

---

13. Roch Denis, Serge Denis, *Syndicalisme et politique au Québec, de 1960 à aujourd'hui*, document inédit, 279 p.
14. Lettre de René Lévesque à Norbert Rodrigue, Québec, 8 avril 1980.
15. CEQ, *Bilan du débat sur la question nationale*, Rapport du Bureau national, p. 5 et 6.

gnants de Saint-Jérôme, dénoncèrent l'approche de la direction de la centrale d'engager le débat à partir d'une grille d'analyse marxiste et incitèrent les enseignants à voter pour la non-participation de la CEQ au débat sur la question nationale[16].

Comment l'extrême gauche avait-elle pu influencer aussi facilement les prises de décision de la direction de la centrale sur la question nationale? C'est difficile à juger puisque l'on ne connaît pas dans le détail les débats internes au sein des instances de la CEQ, mais Rodrigue Dubé avait indiqué que la ligne de pensée marxiste s'était implantée progressivement au sein de la centrale depuis 1971. En 1979, il disait que, malgré le changement de chef (Robert Gaulin avait remplacé Yvon Charbonneau), «les penseurs sont toujours les mêmes[17]».

Un membre du conseil d'administration de l'Alliance des professeurs de Montréal, Paul-André Deschênes, avait soutenu pour sa part que l'un des critères pour être engagé comme permanent à l'information et au socio-politique à la CEQ était d'être d'allégeance marxiste[18]. Il soutenait que la direction de la CEQ cherchait à utiliser un Oui pour un Québec indépendant pour imposer par ricochet la vision d'une société marxiste.

Les enseignants furent sensibles à ces critiques puisqu'ils rejetèrent à 71 p.100 la problématique de la question nationale axée sur une analyse marxiste et, pour exprimer leur mécontentement, ils s'opposèrent à ce que la centrale participe au débat public sur la question nationale[19]. Même la proposition reconnais-

---

16. Paule Des Rivières, «Trois syndicats d'enseignants contestent l'analyse marxiste de la CEQ», *Le Devoir*, 12 avril 1979, p. 9.
17. *Ibid.*
18. Paul-André Deschênes, «La CEQ mêle les cartes de façon subtile», *Le Soleil*, 26 avril 1979, p. A 4.
19. CEQ, *Bilan du débat sur la question nationale*, Congrès spécial de la CEQ sur la question nationale, 28, 29 et 30 juin 1979, 36 p.

sant le droit du peuple québécois à l'autodétermination ne fut acceptée que par une très faible majorité
(49 p. 100 contre 44,5 p. 100).

Tout porte à croire qu'en présentant cette proposition radicale qui ne laissait aucune place à une alterna-
tive, la direction de la centrale fortement influencée par
le courant marxiste-léniniste préparait la ligne dure face
aux négociations de la fonction publique qui allaient se
dérouler au cours de l'année 1979 avec le gouvernement péquiste. Elle voulait ainsi se démarquer de la
position constitutionnelle du Parti québécois qui était
pourtant partagée par de nombreux enseignants.

La FTQ: un appui au «Oui»

C'est à son congrès du 26 au 30 novembre 1979
que la FTQ obtint le mandat de prendre position sur
la question nationale selon les principes suivants: la
centrale dénonce à l'avance les tentatives non québécoises d'intervention dans le débat référendaire qui
irait à l'encontre du droit du Québec à l'autodétermination; elle refuse de rallier un comité parapluie, mais
appuie les principales dispositions de la loi 92 sur la
consultation populaire, y voyant un instrument efficace pour contrer, dans le domaine financier, l'ingé-
rence du fédéral et des grandes corporations (cette
prétention fut démentie par les faits); enfin, la centrale
dissocie sa prise de position de son évaluation des
formations politiques[20].

Par la suite, la centrale entreprit une vaste tournée
de consultation régionale à laquelle participèrent 3000
militants. Il s'en est dégagé un consensus très net en
faveur d'une implication de la centrale dans le débat

---

20. François Cyr, Rémi Roy, *Éléments d'histoire de la FTQ. La FTQ et la
question nationale*, Laval, Éditions Albert Saint-Martin, 1981, p. 192.

référendaire, de la tenue d'un congrès spécial et de la nécessité d'adopter une position claire et sans équivoque dans le sens d'un Oui au référendum. Le congrès eut lieu le 19 avril 1980 et il entérina une recommandation du conseil général qui allait dans le même sens mais sans implication au sein du comité parapluie. Il faut noter que les délégués n'ont pas pris position sur la question de l'indépendance du Québec.

À l'ouverture du congrès, le président Louis Laberge avait dit qu'il trouvait particulièrement significatif de retrouver côte à côte le Parti libéral du Québec, le Parti libéral du Canada, le Parti conservateur, le Conseil du patronat et les représentants des grands empires financiers. «Il est évident que le principal intérêt des forces réactionnaires est de maintenir le Québec dans un état de dépendance qui leur a largement profité et d'étouffer tout mouvement vers un changement quel qu'il soit. Il aurait été pour le moins indécent de penser s'aligner avec ce "club des exploiteurs"[21].»

Dans son discours, Laberge avait critiqué l'attitude des groupes d'extrême gauche, tels En Lutte!, le Parti communiste ouvrier (PCO) et le Parti communiste canadien marxiste-léniniste (PCCML), qui, en prônant l'abstention, se plaçaient ainsi «sur la clôture» et faisaient le jeu de la réaction.

C'est au niveau de la base militante que la FTQ joua un rôle actif pendant la campagne référendaire en facilitant le regroupement des comités pour le «Oui» dans les milieux de travail. Par contre, la direction de la centrale s'est cantonnée dans un quasi-mutisme, se refusant même à riposter aux attaques de Claude Ryan qui accusait la centrale de se trouver en

21. Louis Laberge, *Question nationale, réponse syndicale*, Discours inaugural du président de la FTQ, 2e congrès extraordinaire, Québec, 19 avril 1980, 14 p.

situation d'illégalité en n'étant pas membre d'un comité parapluie. À l'issue de la campagne, Louis Laberge estimera à 70 p.100 des 325 000 membres le pourcentage accordé au «Oui».

Quant à la CSD, elle demeura fidèle à son mot d'ordre de ne pas faire de politique et annonça qu'elle demeurait neutre lors du débat référendaire afin de respecter la liberté individuelle de ses membres[22]. De son côté, l'Union des producteurs agricoles (UPA) décida également de ne pas prendre position dans le débat référendaire et elle laissa à ses membres la liberté d'appuyer le camp de leur choix. Il semble que plusieurs dirigeants étaient assez sympathiques au PQ et surtout aux politiques innovatrices mises de l'avant par le ministre de l'Agriculture Jean Garon; mais la puissante Fédération des producteurs laitiers qui accaparait 45 p.100 des quotas de lait du Canada craignait de perdre une part substantielle de son marché avec la souveraineté[23]. Dès lors, on comprend un peu mieux la neutralité affichée par l'organisme.

Comme on a pu le constater, l'extrême gauche avait une influence certaine au sein de la CSN et de la CEQ. Comme la plupart des groupes marxistes-léninistes préconisaient l'annulation ou l'abstention lors du référendum, ils ont réussi un coup de maître à la CEQ puisque la centrale s'est esquivée du débat.

Bien que les deux principales centrales syndicales, la FTQ et la CSN, aient opté pour le camp du Oui, elles ne l'ont fait que tardivement de sorte que leur influence sur l'issue du vote a été marginale. Certains militants de ces centrales ont œuvré dans l'organisation du camp du Oui mais le fait que les centrales

22. «La CSD dira ni Oui ni Non», *Le Devoir*, 25 avril 1980, p. 17.
23. «Des personnalités du monde agricole adhèrent au OUI», *Le Devoir*, 10 mars 1980, p. 7. Jean-Pierre Bonhomme, «L'appui des agriculteurs est conditionnel à la rentabilité économique», *La Presse*, 16 mai 1980, p. A 8.

aient refusé d'adhérer au comité parapluie du «Oui» démontrait une certaine volonté de ne pas avoir une prise directe sur la question nationale. D'ailleurs leur refus de prendre position sur la souveraineté, une question fondamentale pour toute collectivité qui se respecte et qui n'implique aucunement un jeu partisan, était un signe évident que les esprits étaient tiraillés par des courants opposés.

Après le référendum, Yvon Charbonneau, alors conseiller spécial de la CEQ, qui approuvait la thèse du «Oui critique» qu'il trouvait cohérente et féconde, notait que le mouvement syndical et populaire s'était retrouvé «on ne peut plus divisé et absent de la scène politique» et que le débat s'était fait plus en sourdine qu'officiellement[24].

Quant à Gérald Larose, alors président du Conseil central de Montréal, il estimait que le mouvement syndical avait subi un échec. «L'espoir de se placer dans une meilleure posture immédiate pour poursuivre la lutte pour l'indépendance du Québec dans le cadre de notre combat pour une société socialiste a été anéanti. Le 20 mai aura été la victoire de la formidable coalition des forces de la réaction capitaliste, patronale et fédéraliste du pays[25].»

André Leclerc, permanent de la FTQ, soulignait pour sa part que les résultats étaient le reflet d'une vaste démobilisation plutôt que le résultat d'une simple erreur de stratégie. Selon lui, le PQ était responsable de cette stratégie non stimulante.

> Les défenseurs du *statu quo* ont remué toute une série d'émotions, mettant en scène des fantômes qu'on avait crus morts depuis longtemps. Le PQ

---

24. Nicole Laurin-Frenette, Jean-François Léonard (dir.), *L'impasse: enjeux et perspectives de l'après-référendum*, Montréal, Nouvelle Optique, 1980, p. 45-59.
25. *Ibid.*, p. 61.

s'évertuait à minimiser les effets de sa démarche, à nous faire croire que ça ne changerait rien. On avait tellement peur de faire peur qu'on a ennuyé et endormi tout le monde. Tout le monde s'est assis impuissant et, comme au hockey, a attendu qu'on annonce le «score»[26].

L'attitude des centrales syndicales lors du référendum de mai 1980 sur la souveraineté-association nous instruit sur l'absence de maturité politique du monde syndical à cette époque. En réalité, le monde syndical se cherchait, un peu à l'image de la société québécoise d'alors. Il était donc perméable à divers courants idéologiques qui s'affrontaient en son sein, particulièrement le courant marxiste-léniniste qui, sous quelques aspects, pouvait correspondre à une certaine vision de la société socialiste que l'on voulait construire au Québec.

Les tiraillements idéologiques ont engendré l'impasse à la CEQ ou des positions favorables à la question référendaire à la CSN et à la FTQ, mais sans engagement actif.

Marcel Pépin écrivait en 1970:

La question de la séparation du Québec se posera dans toute son acuité d'ici quelques années à peine. Le seul obstacle actuel, il n'y en a pas d'autre, c'est la question économique... Dans la mesure où l'on réussira à faire sauter la raison économique, il n'y aura plus rien qui tiendra[27].

Il avait sans doute raison puisque l'une des principales causes de la défaite du «Oui» au référendum fut la crainte de voir le niveau de vie des Québécois diminuer. Il est révélateur qu'en 1990 les centrales

---

26. *Ibid.*, p. 27-44.
27. CSN, Lettre aux militants, janvier 1970.

syndicales se soient converties à la souveraineté au lendemain de l'échec de l'Accord du lac Meech.

Toutefois, il semble que la CSN ait tendance à retomber dans les erreurs qui furent les siennes à la veille du référendum de 1980 en mêlant souveraineté et revendications sociales. Lors d'une réunion du Conseil confédéral au printemps 1991, les membres ont rejeté tout appui au Bloc québécois, un peu comme ils l'avaient fait pour le Parti québécois en 1980, en prétextant que ce parti était un «regroupement de conservateurs avec un chef dont on ne connaît pas vraiment les idées[28]». Cette position alambiquée est un peu incompréhensible si l'on tient compte que le premier élu du Bloc, Gilles Duceppe, a milité pendant des années à la CSN.

Il est dommage que de nombreux membres de la centrale n'aient pas encore compris l'importance du regroupement de toutes les forces vives afin de construire le pays. Lorsqu'on sait que les centrales syndicales n'ont pas été capables de s'entendre dans le passé pour créer un véritable parti de gauche, on peut se demander si elles ne sont pas en train de monnayer leur appui contre certains avantages futurs. Cela n'est guère encourageant.

---

28. «La CSN refuse d'appuyer le Bloc québécois», *L'Actualité*, vol. XVI, n° 11, 1er juillet 1991, p. 9.

CHAPITRE X

Les patrons de 1980 et d'aujourd'hui

Si l'on se place dans une perspective économique, le gouvernement péquiste tint son référendum de mai 1980 à un bien mauvais moment. En effet, le choc de la seconde crise pétrolière battait son plein (le baril de pétrole atteignit des sommets, entre 30 et 40 $ US) et les taux d'intérêt se négociaient à des taux jamais inégalés, autour de 20 p. 100. Bref, une période plutôt insécurisante pour les Québécois.

Cette conjoncture permit au gouvernement fédéral d'apeurer les Québécois devant la vision d'un Québec laissé à lui-même sur le plan économique, d'autant plus que le pétrole albertain était vendu à Montréal à 60 p. 100 du prix international, ce qui représentait en 1979 une subvention d'un peu plus de un milliard à la population québécoise.

L'aile gauche du Parti québécois a souvent prétendu que, lors de ses premières années de pouvoir, le gouvernement Lévesque n'avait pas cessé de flatter les hommes d'affaires en adoptant des mesures susceptibles de les rallier à son projet de souveraineté-association.

Or, si l'on excepte la création en 1979 du régime d'épargne-actions qui était une mesure fiscale permettant aux hauts salariés d'échapper aux rigueurs du fisc et dont le fonds assurait le capital de risque nécessaire aux entreprises, rien ne montre dans les mesures prises par le PQ au cours de son premier mandat une volonté réelle de renforcer une bourgeoisie québécoise francophone qui serait capable de concurrencer au Québec même la bourgeoisie canadienne ou étrangère.

Les trois formes du pouvoir économique francophone, la petite entreprise, le mouvement coopératif et l'entreprise publique, n'ont pas reçu de traitement de faveur de la part de ce gouvernement nationaliste.

Le taux de croissance des dépenses du secteur économique entre 1976 et 1980 n'est venu qu'au quatrième rang et le ministère de l'Industrie et du Commerce a connu le taux de croissance le plus lent de tous les ministères[1].

Il est vrai que pendant cette période le PQ a établi une nouvelle politique d'achats du secteur public et parapublic plus favorable aux entreprises québécoises, qu'il a créé un fonds de relance industrielle de 30 millions à l'intention des PME, une Société de développement de l'entreprise afin de fournir des capitaux à ces petites entreprises, et qu'il a institué la Société de développement coopératif avec un budget plutôt symbolique de 1,4 million. Rien de bien convaincant en définitive.

Sur le plan des entreprises publiques, il n'en a créé qu'une, la Société nationale de l'amiante, et a été plutôt sévère envers les sociétés d'État existantes, les critiquant pour leur piètre gestion et leur rendement.

De plus, si le gouvernement Lévesque avait voulu vraiment encourager les entreprises typiquement francophones, il aurait donné le contrat de construction de 1 200 autobus à Bombardier en 1977 plutôt qu'à GM et il n'aurait pas créé le régime d'assurance

1. Kenneth McRoberts, Dale Posgate, *Développement et modernisation du Québec*, Montréal, Boréal Express, 1983, p. 221.

automobile qui a privé les compagnies d'assurances francophones et leurs agents d'un source importante de revenus[2].

Les appuis que le PQ a obtenus de la part de cette clientèle à son projet de souveraineté-association sont à la mesure des efforts qu'il a consentis, c'est-à-dire minimes. Si l'on excepte quelques centaines de dirigeants de petites et moyennes entreprises qui ont accordé leur appui au PQ et les entreprises publiques québécoises qui sont des créatures du gouvernement, donc peu susceptibles d'aller à contre-courant, le gouvernement Lévesque n'a pu obtenir que la neutralité bienveillante du mouvement coopératif.

Comme le note Pierre Fournier[3], c'est le capital monopoliste pancanadien, c'est-à-dire cette fraction du capital dont l'envergure est transprovinciale et *coast to coast* qui a réagi le plus bruyamment au projet péquiste. «Pendant la période préréférendaire, ses prises de position furent: "Il faut rejeter le projet péquiste, il faut renouveler le fédéralisme".»

Cet auteur affirme que les grandes entreprises canadiennes craignaient au plus haut point une fragmentation ou une «balkanisation» du marché canadien qui aurait pu entraîner une plus grande emprise américaine sur l'économie canadienne.

«Sur le plan politique, les entreprises francophones seront plus fédéralistes et partisanes du nationalisme canadien (donc plus libérales) tant qu'elles auront besoin d'appui étatique pour s'étendre sur le marché canadien[4]», note pour sa part Jorge Niosi.

---

2. *Ibid.*, p. 222.
3. Pierre Fournier (dir.), *Capitalisme et politique au Québec*, Montréal, Éditions Albert Saint-Martin, 1981, p. 216.
4. Jorge Niosi, «La multinationalisation des firmes canadiennes-françaises», *Recherches sociographiques*, Québec, vol. XXIV, n° 1, janvier-avril 1983, p. 73.

Dans les années 70, le Québec exportait davantage dans les provinces canadiennes (56 p. 100) que sur le marché international (44 p. 100). C'est pourquoi les entreprises d'une certaine taille avaient tendance à s'appuyer sur un État central fort pour maintenir leur position.

Se faisant en quelque sorte l'intellectuel organique du capitalisme canadien, le gouvernement Trudeau a d'ailleurs articulé les stratégies et le discours face au projet de la souveraineté-association. Il a créé la commission Pépin-Robarts, a déposé le projet de loi C-60 qui proposait une révision constitutionnelle, puis il a lancé l'idée d'un refus de négocier l'association économique proposée par le gouvernement Lévesque.

Le secteur étatique contrôlé par le gouvernement fédéral a fourni des sommes appréciables à la Fondation Pro-Canada: le CN a fourni 75 000 $; Air Canada, 50 000 $ et la Corporation de développement du Canada, 25 000 $; ses représentants ont même menacé le Québec de sanctions économiques, évoquant le déménagement possible des sièges sociaux s'il devenait souverain.

Ce secteur ne fut d'ailleurs pas le seul à brandir la menace de représailles économiques. Les grandes entreprises comme Bell, Canadien Pacifique, CIL et Macdonald Tobacco firent de même. Le secteur bancaire francophone s'opposa fortement et ouvertement au projet de la souveraineté-association. La Banque Nationale, la Banque d'Épargne et La Laurentienne dont les objectifs étaient de s'implanter hors Québec craignaient comme la peste la fermeture possible des frontières.

Au Québec, c'est le Conseil du patronat du Québec (CPQ), fondé en janvier 1969, regroupant les patrons d'environ 80 p. 100 des travailleurs, mais dont la viabilité est assurée surtout par les grandes sociétés[5], qui était le fer de lance de l'opposition au projet de la souveraineté-association.

Un an avant de connaître le libellé de la question référendaire, le CPQ avait fait une déclaration solennelle en pressant les citoyens du Québec de dire non au projet politique qui devait faire l'objet fondamental du référendum:

> Les citoyens du Québec ne doivent pas donner aux hommes politiques formant le gouvernement provincial le mandat de déclarer que le Québec est un État indépendant des autres provinces canadiennes et du gouvernement fédéral. Nous voyons à cela plusieurs raisons. Elles sont de deux ordres: 1) des raisons économiques: quel serait le prix de l'indépendance? 2) des raisons sociales et politiques: quel genre d'État un pouvoir politique unique nous imposerait-il pour tenir ensemble une société économiquement affaiblie[6]?

En soulevant ces questions plutôt hypothétiques, le but avoué du patronat était d'initier un sentiment de crainte parmi les Québécois face au référendum. D'ailleurs l'évocation de la peur sera un élément majeur de la stratégie du camp du «Non» lors de la campagne référendaire.

L'association économique proposée

Le gouvernement Lévesque proposait au reste du Canada de demeurer associé à lui dans la mise en œuvre non seulement d'une union douanière et d'un marché commun, mais aussi d'une union monétaire.

---

5. Pierre Fournier, op. cit., p. 221.
6. CPQ, Notre réponse au référendum que le Parti québécois s'est engagé à tenir sur le statut constitutionnel du Québec, Montréal, décembre 1978.

À cet effet, il offrait de négocier un traité d'association communautaire[7].

En vertu de cette forme d'intégration économique très poussée (il n'existe aucun modèle de ce genre ailleurs dans le monde), on renonçait de part et d'autre au droit de dresser à la frontière commune des barrières douanières; on maintenait le dollar comme seule monnaie des deux pays; et la circulation des capitaux se faisait sans entrave. Enfin la libre circulation des personnes physiques d'un territoire à l'autre était assurée, ce qui signifiait qu'aucun passeport ne serait nécessaire entre le Québec et le Canada.

Le Livre blanc du gouvernement Lévesque prévoyait la création d'institutions communautaires dans la plupart des cas sur une base paritaire, tels un Conseil communautaire formé de ministres des deux pays, une Commission d'experts, chargée d'établir une liaison technique avec les organismes internationaux intéressés aux questions douanières et commerciales et de négocier les ententes internationales qui lieront la Communauté en ces matières, une cour de justice formée d'un nombre égal de juges, plus un président dont la nomination serait approuvée par les deux gouvernements, qui aurait à interpréter le traité d'association, et enfin une Autorité monétaire centrale dont la composition serait proportionnelle à l'importance de chacune des deux économies.

Bien que l'association garderait intacts plusieurs aspects de l'ordre politique actuel et plus d'un domaine de la politique économique, le Québec y aurait gagné par rapport à la situation présente, soutiennent Kenneth McRoberts et Dale Posgate[8]. En

7. Gouvernement du Québec, Conseil exécutif, *La nouvelle entente Québec-Canada*, Québec, Éditeur officiel, novembre 1979, p. 58-65.
8. Kenneth McRoberts, Dale Posgate, *op. cit.*, p. 252.

effet, il pourrait exercer le contrôle entier sur les impôts et les dépenses du secteur public et il serait en mesure d'élaborer des politiques industrielles, sans avoir à s'inquiéter d'une éventuelle politique opposée du gouvernement fédéral. De même, il pourrait prendre en main plusieurs domaines de réglementation économique, comme la surveillance des opérations bancaires et des institutions financières.

Ce scénario d'association économique avait comme objectif d'éliminer autant que possible les coûts immédiats de la souveraineté, c'est-à-dire les coûts découlant d'un changement de système économique, quoique Jacques Parizeau a toujours estimé qu'une union monétaire représentait une contrainte très importante sur la souveraineté politique, vu la nécessité de coordonner les politiques fiscales et certaines autres politiques économiques[9]. De nombreux experts ont d'ailleurs démontré qu'à moyen et à long terme, il est plus avantageux pour un pays d'avoir sa propre monnaie.

Le Conseil du patronat estimait pour sa part que le modèle d'union monétaire proposé par le Livre blanc conduisait «à l'impasse et à la paralysie» parce qu'en cas de conflit sur les questions fondamentales (ex.: la fixation du taux de change et du taux d'escompte, la création de monnaie et le niveau des réserves), celles-ci seraient transmises au Conseil communautaire où la règle du double veto est instituée[10].

Le plus grand critique de l'union monétaire pendant la campagne référendaire fut Robert Bourassa, non pas qu'il était contre en principe, mais il avait

9. Jean-Claude Picard, «Jacques Parizeau: Seule l'union douanière est indispensable», Le Devoir, 15 juillet 1978, p. 1.
10. CPQ,, «L'union monétaire», Bulletin d'information, Montréal, vol. XI, n° 122, mars 1980.

toujours prétendu que l'union monétaire était indissociable de l'union politique[11].

Il prétendait que le Québec pouvait mieux influencer l'orientation de la politique monétaire dans le fédéralisme parce que les parlementaires québécois pouvaient s'associer avec ceux d'autres régions pour influencer la politique monétaire. Or les faits ont démontré que le Québec n'a aucune influence directe sur la politique monétaire établie par le gouverneur de la Banque du Canada, ni même lorsque plusieurs provinces s'associaient pour tenter de la faire fléchir.

À vrai dire, seul le ministre fédéral des Finances peut dicter sa ligne de conduite au gouverneur de la Banque du Canada. Or depuis 30 ans, un seul gouverneur, James Coyne, sous l'administration Diefenbaker, a remis sa démission en 1960 parce qu'il était en conflit avec le ministre des Finances Don Fleming[12].

Le gouvernement Diefenbaker s'était offusqué des critiques publiques du gouverneur Coyne qui prétendait que le Canada importait beaucoup trop de biens et services de l'étranger comparativement aux exportations, ce qui avait pour effet d'augmenter la dette nationale envers l'extérieur.

En 1988, M. Bourassa s'est fait le critique le plus sévère de l'actuel gouverneur John Crow en dénonçant sa politique qui encourageait l'appréciation du dollar canadien par rapport à la devise américaine et une augmentation des taux d'intérêt pour contrer l'inflation, deux mesures qui avaient pour effet de rendre les exportations québécoises moins concurrentielles sur les marchés internationaux[13].

11. Robert Bourassa, *L'union monétaire et l'union politique sont indissociables*, Montréal, Les Québécois pour le Non, avril 1980, 31 p.
12. Heward Grafftey, *À l'écoute du passé. De Diefenbaker à Mulroney*, Montréal, Guérin, 1989, p. 174-176.
13. Denis Lessard, «Bourassa accuse la Banque centrale de favoriser l'Ontario, *La Presse*, 6 juin 1988, p. A 1. Bernard Descoteaux, «Les provinces fulminent contre les taux d'intérêt», *Le Devoir*, 19 août 1988, p. 1.

Dans son offensive, le premier ministre du Québec se rallia d'autres premiers ministres provinciaux, mais ils ne parvinrent aucunement à faire fléchir le gouverneur de la Banque du Canada ni le ministre des Finances, Michael Wilson. Le dollar canadien continua de prendre de la valeur et l'écart entre les taux d'intérêt américains et canadiens atteignit un sommet inégalé. Cette situation permit au Canada d'innover en créant pour la première fois une récession typiquement canadienne, fait sans précédent puisque d'ordinaire la récession suit celle des États-Unis et ne la précède pas.

On peut donc conclure que M. Bourassa s'est illusionné dans son appréciation politique de l'union monétaire canadienne. Le moins que l'on puisse dire, c'est que le Québec y a un poids nul puisque la Banque du Canada jouit d'une très large autonomie par rapport au Parlement fédéral et qu'elle a tendance à favoriser la région économique la plus forte, en l'occurrence l'Ontario, plutôt que le Québec ou les autres régions canadiennes[14].

S'il faut attendre qu'un Québécois devienne ministre des Finances pour avoir voix au chapitre, il aura fallu attendre 110 ans puisque le seul ministre des Finances venant du Québec fut Jean Chrétien qui remplaça John Turner en 1976. De plus, en 1978, Chrétien eut maille à partir avec le ministre des Finances du Québec en voulant imposer une réduction de la taxe de vente de 2 p. 100 sur toutes les marchandises, ce qui avantageait l'Ontario.

Dans son analyse de 1980, Bourassa soutenait que la proposition du Parti québécois nous aurait conduits au modèle belgo-luxembourgeois alors que le Luxembourg n'a que trois représentants sur un total de neuf

---

14. Selon les années, un ou deux Québécois siègent au conseil d'administration de la Banque du Canada sur une dizaine de membres, mais ils sont nommés par le gouvernement fédéral.

dans l'union monétaire. Or trois membres valent mieux que ce que prévoient les règles actuelles du système fédéral canadien. Et même si le Québec n'avait pas la parité dans le système proposé par la souveraineté-association, mais plutôt un statut minoritaire, il hériterait tout de même de pouvoirs fiscaux et économiques qu'il pourrait utiliser pour infléchir une situation qui ne lui serait pas favorable, ce qui n'est pas le cas dans le fédéralisme actuel.

Le rapport Bonin sur l'association économique Canada-Québec, publié en 1980, laissait entendre que les coûts de l'union monétaire sont plus faibles pour une petite économie ouverte et peu diversifiée. Il notait qu'un pays qui accepte une union monétaire ne pouvait plus recourir à l'impression de la monnaie pour financer, à long terme, les dépenses gouvernementales; qu'il devait renoncer à son pouvoir discrétionnaire lui permettant d'utiliser la politique monétaire à des fins de stabilisation; et qu'il ne pouvait plus compter sur les variations du taux de change pour faire les ajustements que lui imposent les chocs internes ou externes. Toutefois, il ajoutait qu'un pays conserve un instrument efficace, la politique fiscale, pour infléchir une situation qui lui paraissait odieuse, qu'il s'agisse du chômage ou de l'inflation[15].

Il est d'ailleurs étonnant que pendant la campagne référendaire de 1980, le gouvernement Lévesque n'ait jamais vraiment précisé ce qu'il entendait faire de sa politique fiscale. Voulait-il instaurer une politique économique susceptible de diminuer le taux de chômage qui a toujours été, du moins depuis une trentaine d'années, supérieur à la moyenne canadienne? Et pour ce faire accepter un taux d'inflation

---

15. Bernard Bonin, Mario Polese, *À propos de l'association économique Canada-Québec*, Québec, École nationale d'administration publique, janvier 1980, p. 505.

un peu plus élevé? On ne l'a jamais su et encore aujourd'hui, à la veille d'un autre référendum, on retrouve peu d'engagement ferme sur une politique de plein emploi, par exemple.

M. Parizeau a soutenu que c'étaient les démunis du Québec qui étaient les grands perdants dans le régime fédéral, notamment à cause des chevauchements de programmes entre les gouvernements fédéral et provincial dans les domaines de la formation professionnelle et du recyclage des travailleurs et il a donné l'assurance que la nature et l'étendue des services sociaux ne seraient pas réduits dans un Québec souverain[16].

Fort bien, mais le chef péquiste ne nous dit pas comment il va favoriser l'établissement d'une industrie manufacturière viable, créatrice d'emplois rémunérateurs, qui font cruellement défaut à l'heure actuelle. Utilisera-t-il la nouvelle marge de manœuvre, provenant des sommes récupérées d'Ottawa, à des fins de développement économique comme le suggérait Pierre Fortin en 1980?

La question des emplois

Plus d'un an avant le référendum de 1980, l'une des grandes questions qui agitaient le gouvernement fédéral était de déterminer le nombre d'emplois manufacturiers qui serait perdu si le Québec devenait indépendant et qu'il soit obligé de négocier des tarifs douaniers très élevés avec le reste du Canada (on avançait le chiffre de 40 p.100, ce qui correspond pratiquement à la fermeture des frontières).

Il s'agissait d'un sujet plutôt controversé et il devint vite évident que le gouvernement fédéral, en lançant des

16. Denis Lessard, «Les démunis profiteront le plus de la souveraineté, dit Parizeau», *La Presse*, 2 mars 1991, p. A 1.

chiffres aussi faramineux que 325 000 emplois en danger au Québec, manipulait l'opinion publique. D'ailleurs, il se sentit un peu coincé lorsqu'une étude commanditée par le Conseil économique du Canada réduisit ce chiffre à 21 000[17]. On doit noter que jamais Ottawa n'a mentionné les pertes d'emplois que devrait assumer le reste du Canada advenant l'introduction de tarifs douaniers entre les deux nouveaux pays. C'était une arme à deux tranchants d'application fort peu probable.

De toute façon, l'intention du gouvernement Lévesque n'était pas de fermer les frontières aux échanges commerciaux, mais bien d'instaurer un marché commun qui aurait été probablement plus ouvert que l'actuel marché économique canadien.

Le directeur du Département des sciences économiques de l'Université de Sherbrooke, Alban D'Amours, avait pour sa part indiqué dans une communication qui avait été noyée dans les informations de la campagne référendaire que 209 064 emplois manufacturiers directs et indirects en Ontario et dans le reste du Canada étaient attribuables au marché québécois en 1978 et il estimait que 269 713 emplois manufacturiers au Québec étaient redevables au marché canadien hors Québec[18]. En dévoilant ces chiffres, l'économiste tentait d'illustrer le fait que tout refus de la part du Canada anglais de négocier une association économique pénaliserait tout autant les travailleurs du reste du Canada.

17. CIUC, *Étude commanditée par le Conseil économique sur les conséquences de la séparation du Québec,* Note au premier ministre de Paul M. Tellier, 14 novembre 1978.
18. Alban D'Amours, *Le Québec sera toujours une bonne affaire pour le reste du Canada,* Le Regroupement national pour le OUI, Pétition de 503 économistes pour le Oui, 13 mai 1980.

Le prochain référendum
face à de nouvelles menaces

Lors du prochain référendum, cette question des emplois risque fort de sombrer à l'arrière-scène depuis que le libre-échange a été instauré entre le Canada et les États-Unis. Ce qui menacerait un Québec souverain, ce n'est plus tant les emplois que lui procure le commerce avec le reste du Canada, mais la fin du traité de libre-échange avec les États-Unis.

En effet, l'un des principaux négociateurs du libre-échange pour le Canada, Simon Reisman, s'est dit convaincu récemment que les Américains ne reconduiraient pas automatiquement l'accord actuel avec un Québec souverain et exigeraient de le renégocier[19]. Bien qu'il s'agisse d'une question tout à fait hypothétique puisque les Américains n'ont encore manifesté publiquement aucune intention de cette nature, il faut examiner cette possibilité de près.

Or, de l'avis des spécialistes, le libre-échange avec les Américains n'a pas été la panacée que les hommes d'affaires attendaient pour prendre un nouvel envol sur le marché américain. Le commerce nord-sud s'est maintenu au même niveau qu'il était avant la conclusion de l'accord. De plus, Québec fait toujours ses principales affaires avec les autres provinces, ce qui indique que rien n'a vraiment changé dans son commerce extérieur[20]. Donc, si jamais les États-Unis mettaient fin au libre-échange avec le Québec, cela ne serait pas dramatique, du moins à court terme.

---

19. Michel Van De Walle, «Libre-échange avec les États-Unis: Parizeau ment — Simon Reisman», *La Presse*, 1er juin 1991, p. A 1.
20. Une étude publiée en 1987 par le Bureau de la statistique du Québec démontre qu'en 1984 les produits manufacturiers du Québec étaient vendus dans une proportion de 26,45 p. 100 dans le reste du Canada et dans une proportion de 21,29 p. 100 dans les autres pays.

Il faut toutefois s'arrêter aux raisons qui, de l'avis de M. Reisman, amèneraient les États-Unis à renégocier le traité avec le Québec. Il en a mentionné quatre: le rôle d'Hydro-Québec, la Société des alcools du Québec, le système de gestion des approvisionnements dans le domaine agricole, la compétition inéquitable des sociétés d'État.

Il est nécessaire de rappeler qu'en s'engageant dans les négociations sur le libre-échange en 1987, le Canada espérait échapper aux lois commerciales américaines, de plus en plus protectionnistes, ce qui lui aurait permis un large accès au marché américain. Mais le Canada n'obtint pas ce qu'il désirait. Avec l'accord, il est toujours soumis aux lois américaines, mais il peut en appeler à un tribunal d'arbitrage en cas de litige. Bref, les Américains n'ont pas laissé grandes ouvertes leurs portes à l'entrée massive des produits canadiens.

Leur objectif était d'établir un ensemble de règles communes qui imposeraient d'importantes restrictions aux subventions à l'exportation, mais n'exigeraient que peu de contrôle sur les subventions au marché intérieur. Bref, un arrangement coûteux pour le Canada, pays largement exportateur, alors que les Américains continueraient de bénéfier d'un marché intérieur massivement subventionné[21].

On voit mal dans les circonstances pourquoi les Américains en voudraient à la Société des alcools du Québec qui destine ses produits pour la consommation interne et non pour l'exportation. Dans le cas d'Hydro-Québec et d'autres sociétés d'État, il en irait peut-être autrement puisqu'elles exportent soit de l'électricité, soit d'autres produits.

Il y a aussi la gestion des approvisionnements dans le domaine agricole et là, Dieu sait que ce fut

---

21. Linda McQuaig, «Un traité de dupes?», *L'Actualité*, vol. XVI, n° 15, 1er octobre 1991, p. 39.

une belle pomme de discorde avec les Américains avant et pendant les négociations sur le libre-échange. Que l'on se rappelle la querelle du porc. Les souverainistes sont assez silencieux sur cette question, mais les consommateurs québécois se demandent toujours pourquoi ils payent leur livre de beurre deux fois plus cher au Québec qu'au Vermont. Une renégociation du libre-échange pourrait peut-être remettre en cause les plans conjoints qui accordent aux producteurs laitiers du Québec des prix garantis.

Avec tous ces éléments, y a-t-il vraiment matière pour les Américains à exiger une renégociation de l'accord du libre-échange si le Québec devenait souverain? C'est fort probable mais pas pour toutes les raisons invoquées par M. Reisman qui, soit dit en passant, ne fut pas un très bon négociateur. Il faut croire qu'il s'agit d'une manœuvre pour provoquer certaines craintes. Il n'est d'ailleurs pas exclu qu'une telle renégociation puisse devenir beaucoup plus avantageuse que maintenant. Du moins cela constituerait un exercice extrêmement enrichissant.

La question de la monnaie

Récemment, le chef du Parti québécois, Jacques Parizeau, a laissé entendre qu'un Québec indépendant pourrait prendre seul la décision d'adopter le dollar canadien comme monnaie officielle, sans demander la permission au Canada anglais. Et à ceux qui lui disaient que le Québec souverain perdrait ainsi toute influence sur les décisions monétaires, il répliquait: «Actuellement comme Québécois dans le Canada nous n'en avons pas[22].»

22. Stephan Bureau, «Parizeau: le Québec n'aurait pas de permission à demander pour adopter le dollar comme monnaie », *La Presse,* 3 avril 1991, p. A 1.

M. Parizeau oublie toutefois de mentionner que ce scénario laisserait entièrement à la Banque du Canada le «droit du seigneur» dont la part québécoise avait été évaluée en 1980 à 250 millions de dollars[23], et aujourd'hui considérablement plus.

De son côté, le chef du Bloc québécois, Lucien Bouchard, a suggéré qu'un Québec souverain adopte, du moins temporairement jusqu'à ce que le Québec crée sa propre monnaie, le dollar américain comme devise si les négociations avec le Canada anglais échouaient quant à la détermination des pouvoirs et de la composition de la nouvelle Banque Canada-Québec[24].

Vély Leroy[25] qui a déjà étudié cette hypothèse soutient qu'elle a au moins le mérite de ne susciter aucune crise de confiance puisqu'il s'agit d'une monnaie encore plus prestigieuse que la monnaie canadienne. Le problème viendrait du fait que, la monnaie américaine étant plus forte que la monnaie canadienne, la compétitivité du Québec face au Canada reculerait. Or, à moins de décréter une baisse générale des salaires pour tenir compte de cette prime monétaire, le Québec serait certainement perdant dans ses échanges commerciaux avec le reste du Canada.

Dans un Canada sans le Québec, le dollar canadien offrirait moins d'attrait et son prestige pourrait souffrir de l'accession du Québec à la souveraineté. Donc, le Québec, s'il adoptait la monnaie américaine,

---

23. Le droit du seigneur est constitué des réserves de banques privées déposées à la banque centrale et des monnaies et billets détenus par d'autres agents économiques qui ne procurent aucun intérêt à ses détenteurs. Le montant d'intérêt ainsi épargné par Ottawa constitue une forme de taxe déguisée puisque la banque centrale convertit cette réserve en obligations du gouvernement fédéral. Pierre Fortin avait estimé en 1980 à 250 millions la part du Québec dans ce droit du seigneur.
24. «Un Québec souverain pourrait aligner sa devise sur le dollar américain — Lucien Bouchard», *La Presse*, 4 avril 1991, p. B 1.
25. Association des économistes québécois, *Le Québec et ses partenaires économiques canadiens: perspectives d'avenir*, Montréal, Éditions des Quinze, 1979, p. 229-233.

ne perdrait rien en renonçant à toute politique monétaire autonome ou encore conjointe avec le Canada.
«S'il est probable que la souveraineté du Québec ne
comprimera pas ses besoins de financement extérieur
et qu'elle portera le capital étranger à substituer au
risque d'entreprise le risque de souveraineté dans ses
placements au Québec, alors l'adoption du dollar
américain paraît tout à fait indiquée», note Leroy.

Cela n'empêcherait pas le Québec d'avoir sa propre banque d'État chargée d'exécuter les opérations
financières du gouvernement, à titre d'agent fiscal.
Cette institution gérerait la trésorerie et la dette publique intérieure et extérieure et s'occuperait de l'appro-
visionnement en billets de la monnaie d'adoption. Ce
rôle pourrait être aussi confié à une banque privée.

Les matamores du Canada anglais devraient
donc réfléchir deux fois avant d'annoncer à l'avance
tout refus de négocier une association économique
incluant une union monétaire ou encore d'insister
pour que le Québec ait à payer très chèrement son
départ de la «confédération». Le Québec a beaucoup
de cartes dans son jeu et il saura jouer celles qui lui
sont les plus favorables le moment venu.

Le patronat des années 1990

Quelle sera l'attitude des patrons lors d'un prochain référendum? Certes, leur position a passablement évolué depuis 1980 et surtout depuis l'échec du
lac Meech. Même si un plus grand nombre se déclare
souverainiste ou dit moins craindre la souveraineté du
Québec, il n'en demeure pas moins que la majorité pré-
fère toujours le fédéralisme, qu'il soit modifié ou non.

À la commission Bélanger-Campeau, le Conseil
du patronat a favorisé un fédéralisme décentralisé qui
accorderait au Québec une plus grande autonomie.

C'est ainsi qu'il verrait des pouvoirs plus étendus au Québec dans les domaines de l'immigration, de la main-d'œuvre et de la politique familiale mais sans être exclusifs. Il suggère une meilleure redéfinition des rôles d'Ottawa et des provinces dans les communications, les programmes universels de santé, de la recherche et du développement, et des transports. Il n'aurait pas non plus d'objection à ce que le Québec adopte sa propre constitution[26].

Mais l'organisme patronal est tellement opposé à l'indépendance qu'il a même proposé par son représentant, Ghislain Dufour, qu'il faudrait 65 p.100 de Oui lors d'un référendum pour assurer la souveraineté du nouveau pays[27]. Le patronat a une conception plutôt maximaliste de la démocratie, surtout quand cela sert ses intérêts.

Pourtant, un sondage de la maison CROP pour le compte du CPQ a démontré que 64 p. 100 des membres de l'organisme étaient favorables à un fédéralisme nouveau qui reconnaîtrait une plus grande autonomie au Québec contre 31 p. 100 qui appuyaient l'idée d'indépendance assortie d'une association économique et 1 p. 100 qui favorisaient l'indépendance tout court[28]. Doit-on en conclure que l'option fédéraliste des patrons n'est pas concluante parce qu'ils ne sont que 64 p. 100?

La position du Conseil du patronat rejoint celle du lobby des grandes entreprises canadiennes dont les 150 représentants désirent le renforcement du marché économique canadien chapeauté par une structure politique fédérale et qui sont prêts à concéder

---

26. «Pour un fédéralisme moins centralisateur«, *La Presse*, 16 novembre 1990, p. B 1.
27. François Brousseau, «51% des voix ne suffiraient pas à proclamer l'indépendance, dit Dufour», *Le Devoir*, 2 avril 1991, p. A 1.
28. Michel Van De Walle, «Les patrons favorisent un Québec plus autonome dans un fédéralisme nouveau», *La Presse*, 19 février 1991, p. B 1.

l'élimination des chevauchements de juridiction[29]. Il s'agit donc d'un fédéralisme fort puisqu'on désire le renforcement du marché économique canadien.

De son côté, la Chambre de commerce du Québec, tout en insistant pour le maintien du marché commun canadien, semble plus ouverte aux diverses options constitutionnelles, qu'il s'agisse d'un fédéralisme renouvelé, d'une Confédération, d'une Communauté économique ou de l'indépendance. L'organisme exige par exemple que soient attribuées à la compétence exclusive du Québec la totalité des matières à caractère essentiellement régional ou local et toute partie régionale ou locale des matières dont l'application dépasse les frontières mais qui n'en demeurent pas moins nécessaires à la préservation et au développement de son identité propre[30].

Enfin, notons que le Mouvement Desjardins se déclare maintenant favorable à ce que le Québec constitue une véritable communauté nationale distincte et adulte[31], qu'il obtienne par conséquent sa souveraineté, position qui constitue une évolution importante par rapport à 1980 alors qu'il était demeuré neutre.

On peut donc affirmer que l'option souverainiste a fait beaucoup de progrès parmi les agents économiques depuis 1980.

Toutefois, les mêmes causes qui ont amené les patrons à prendre position pour le «Non» voilà dix ans sont encore d'actualité. Le marché canadien demeure toujours un enjeu pour les hommes d'affai-

---

29. Philippe Dubuisson, «Le lobby des grandes entreprises plonge dans le débat constitutionnel», *La Presse*, 24 avril 1991, p. B 1.
30. «Une banque centrale plus représentative», Extraits du mémoire présenté par la Chambre de commerce du Québec à la commission Bélanger-Campeau, *Le Devoir*, 8 novembre 1991, p. 8.
31. «Le Québec, communauté nationale distincte, adulte et capable d'assumer son avenir», Mémoire du Mouvement Desjardins à la Commission sur l'avenir du Québec, *La Presse*, 14 novembre 1990, p. B 3.

res québécois puisque le commerce Canada-Québec est toujours plus important que le commerce Québec-autres pays. Mais la situation est susceptible d'évoluer à moyen terme si le libre-échange canado-américain remplit ses promesses, c'est-à-dire que le commerce se fasse davantage selon un pôle nord-sud que d'est en ouest. Alors le temps sera peut-être mûr pour eux.

Et ce prochain référendum...

Au terme de cet ouvrage, il serait peut-être bon d'établir les conditions nécessaires afin que le Québec puisse une fois pour toutes se prendre en main. Qu'il en finisse avec ces querelles stériles avec le Canada anglais qui empoisonnent la vie des gens depuis près de quarante ans et qui ne permettent pas d'apporter des solutions à d'autres problèmes aussi criants que la pauvreté, le développement économique des régions, l'intégration des immigrants, l'appropriation de sa culture, etc.

Le facteur déterminant pour que la souveraineté se réalise, c'est la volonté collective des Québécois. Depuis 1976, les Québécois ont appris que jouer sur deux tableaux était une carte perdante. Ils ont refusé en 1980 la souveraineté en pensant que la présence d'un parti indépendantiste au pouvoir à Québec mènerait le Canada anglais à faire des concessions importantes.

Or, en novembre 1981, le gouvernement fédéral de Pierre Elliott Trudeau, loin d'accorder au Québec ce qu'il attendait, c'est-à-dire une nouvelle fédération décentralisée, lui a imposé le bilinguisme officiel alors que l'Ontario en était dispensée, de même que la «clause Canada» qui permet aux enfants de citoyens canadiens qui ont reçu leur instruction en anglais d'avoir accès à l'école anglophone au Québec, et il s'est accordé un pouvoir prépondérant de législation en matière de ressources naturelles non renouvelables et de ressources forestières.

Afin de figer dans le béton cette constitution «valable pour mille ans» comme aimait le dire Trudeau, il a fait accepter une formule d'amendement qui exige l'unanimité des provinces pour tout changement fondamental.

L'effet de cette formule d'amendement imposée au Québec s'est fait sentir dès 1990. En effet, l'Accord du lac Meech, qui se voulait une «ronde de réparations» envers le Québec, s'est terminé par un échec lamentable parce que deux provinces, le Manitoba et Terre-Neuve, se sont opposées à la «reconnaissance de la société distincte». Niant ou du moins ignorant les principes de la fondation de la fédération canadienne de 1867 qui reconnaissaient des pouvoirs spécifiques au Québec et une protection pour la minorité anglophone de la province, le sentiment actuel prédominant dans les provinces anglophones est que les Québécois ne forment pas une société différente de la leur. Le paradoxe, c'est que les Canadiens anglais semblent prêts à reconnaître un statut distinct aux autochtones[1].

Certes, la réalité ne les empêche pas de voir que le Québec a une culture différente, qu'il a des institutions de langue française, mais on ne lui permet pas de développer des pouvoirs politiques et économiques susceptibles de mettre en valeur ses particularités ou son génie propre. Dans les circonstances, tout ce que l'on peut attendre des provinces anglophones est un nivellement par le bas.

Il faut admettre que le pays du Québec ne se fera pas sans le vouloir collectif de ses habitants. Jusqu'à présent, les Québécois ont plutôt réagi qu'agi[2]. Ils se sont sentis humiliés et insultés parce que des extré-

---

1. «Clyde Wells ne reconnaît un statut distinct qu'aux autochtones», *La Presse*, 26 août 1991, p. A 4.
2. Selon Maurice Séguin, une société qui se refuse d'agir par soi est atteinte du symptôme de l'oppression.

mistes ont piétiné un des symboles qu'ils chérissent, le drapeau fleurdelisé. Révoltés parce que le Canada anglais a dit «non» aux cinq conditions contenues dans l'Accord du lac Meech. Mais de la fierté pour se faire un pays, ils n'en ont guère eu jusqu'à maintenant parce qu'ils avaient l'impression que leur appartenance à la fédération canadienne était rentable, qu'ils pouvaient se laisser entretenir. Mais c'est de moins en moins vrai: ils vont bientôt se rendre compte qu'il y a un prix à payer pour demeurer dans la fédération tout comme il y a un prix à payer pour être indépendant.

Depuis près de quinze ans, les Québécois ont appris à se concerter sur le plan économique lors des moments difficiles, au point que le Canada anglais leur envie cette faculté d'oublier leurs divisions de classe pour s'atteler à des tâches concrètes lorsqu'il s'agit de pain et de beurre. C'est ce qu'on appelle de la solidarité.

Il en va tout autrement lorsqu'il s'agit de concertation politique. On ne peut jamais être absolument certain qu'un Québécois conservera ce fond souverainiste ou indépendantiste qu'il brandit héroïquement quand tout va mal. C'est un être profondément tiraillé, comportement qui n'est pas étranger à son statut de minoritaire dans le Canada. Il a toujours cette profonde méfiance de la politique, probablement motivée par les échecs dans lesquels ses chefs politiques l'ont conduit dans le passé. On peut se demander si la crainte de se prendre en main ne vient pas des chefs eux-mêmes et de leur parti politique dont le principal but est de régner et, en corollaire, de faire le moins de vague possible en gardant sa place dans l'ordre constitutionnel.

A-t-on vu un chef politique québécois proposer jusqu'à présent une grande corvée politique nationale afin de concrétiser cette souveraineté tant souhaitée? Non, car cela supposerait de faire des compromis avec des adversaires politiques, de pactiser en quelque sorte avec le diable. Or la souveraineté ne se réalisera qu'au moment où un chef politique se lèvera et saura faire passer les intérêts de la nation au-dessus des intérêts de parti.

Comme la souveraineté se fera avec les Québécois et leur gouvernement, il est essentiel que le parti politique qui les gouverne appuie cette idée.

Le Parti libéral du Québec, qui doit la plupart du temps compter sur les anglophones et les allophones pour se maintenir au pouvoir, n'est pas un parti souverainiste, bien qu'il souhaite le rapatriement d'un certain nombre de pouvoirs qui sont pour la plupart partagés entre le gouvernement québécois et le gouvernement fédéral. Jusqu'à présent, la souveraineté et le référendum promis en 1992 n'ont été évoqués par le gouvernement Bourassa que comme une forme de chantage pour obtenir une dévolution de pouvoirs de la part du gouvernement fédéral.

M. Bourassa, après avoir fait subir aux Québécois deux échecs constitutionnels à vingt ans d'intervalle (Victoria et Meech), n'est pas et ne sera jamais un souverainiste, au sens de l'émancipation politique du Québec, et ceux qui ont cru, au lendemain de l'échec du lac Meech, qu'il pourrait faire l'indépendance ont dû vite déchanter devant sa valse-hésitation et ses professions de foi fédéralistes. Le chef du gouvernement s'est entouré de conseillers fédéralistes et la majorité des membres de son Conseil des ministres attribue toujours au fédéralisme des vertus qu'il n'a pas.

Il faudrait être aveugle pour espérer la fin du statut minoritaire du Québec dans ces conditions. Cela dit, il n'est pas impossible par contre que la base de son parti évolue, elle, vers la souveraineté à la faveur de certaines conditions.

C'est seulement à partir des prochaines élections générales québécoises que le seul parti souverainiste du Québec, le Parti québécois, peut vraiment aspirer à voir réaliser son objectif.

Mais le PQ a raté son rendez-vous avec l'histoire en 1980. Comme nous l'avons démontré, il a tout fait entre 1976 et 1980 pour minimiser l'importance du changement ou dissimuler la rupture que signifiait l'indépendance. Reculs sur son option fondamentale, hésitations quant à la tenue du référendum, insouciance et angélisme ont marqué sa direction au cours de cette période.

De plus, il a laissé se démobiliser son organisation politique alors que ses militants ne demandaient pas mieux que de vendre l'idée de la souveraineté. Le gouvernement Lévesque s'était empressé de centraliser toute l'organisation à Québec et d'utiliser une stratégie basée sur le marketing politique plutôt que sur la mobilisation. Comme le souligne Hubert Guindon, cette technique a pour objectif de flatter les préférences des consommateurs tandis que la mobilisation vise à modifier les préférences de ceux-ci. Selon lui, le premier indice que la stratégie de base du Parti québécois a été le marketing politique est l'embarras provoqué par l'utilisation du mot «indépendance».

«Ce mot lui-même est devenu suspect et s'est vu imposer une sourdine [...] L'indécision au sujet de la date et de la question référendaire ne donnait pas seulement l'impression qu'il hésitait, mais même qu'il regrettait de devoir tenir un référendum[3].»

Il s'est aussi refusé la possibilité d'aider financièrement ses alliés naturels, en particulier le Mouvement national des Québécois et la Société Saint-Jean-Baptiste de Montréal, alors que des mouvements pro-

---

3. Hubert Guindon, *Tradition, modernité et aspiration nationale de la société québécoise*, Montréal, Éditions Saint-Martin, 1990, p. 158-159.

fédéralistes naissaient partout et étaient largement subventionnés par le gouvernement fédéral.

Comme l'a bien compris le politicologue Gérard Bergeron, le Parti québécois s'est toujours caractérisé par sa lenteur d'évolution; il lui a fallu six ans, de 1968 à 1974, pour se donner une stratégie de lutte avec l'étapisme, onze ans pour intégrer sa stratégie au corps de sa doctrine avec le Livre blanc sur la souveraineté-association et la question référendaire, en 1979[4].

Depuis 1990, le Parti québécois a élargi sa base souverainiste. Il peut compter sur l'appui d'anciens et de nouveaux alliés comme le Bloc québécois sur la scène fédérale, le mouvement coopératif qui était demeuré neutre en 1980, les centrales syndicales maintenant unanimement souverainistes, une part non négligeable d'hommes d'affaires et d'allophones.

Mais on sent que sur le plan de l'attaque, il est encore prisonnier de son héritage du passé. On ne peut pas vraiment dire qu'il est en première ligne puisqu'il se contente la plupart du temps de riposter aux attaques contre la souveraineté, en répondant à certains intellectuels du Canada anglais ou à certains politiciens. On sent chez lui les mêmes hésitations de naguère à recourir à la mobilisation de ses troupes ou à des ressources intellectuelles qui lui sont sympathiques.

Ce qui semble un signe évident que le parti n'a pas comblé ses carences de naguère, c'est qu'il a créé un comité chargé d'étudier la transition d'un Québec province à un Québec souverain[5], comme s'il était au pouvoir et que le référendum avait déjà eu lieu et avait été positif. On dira: «Pour une fois, il ne traîne pas de la patte.» C'est vrai mais n'y a-t-il pas là une façon de mettre la charrue devant les bœufs? Pourquoi

---

4. Gérard Bergeron, *À nous autres, aide-mémoire politique par le temps qui court*, Montréal, Éditions Québec/Amérique, 1986, p. 83.
5. Lia Lévesque, «Mᵉ Serge Ménard dirigera un comité du PQ chargé d'étudier le passage à la souveraineté», *Le Devoir*, 20 juin 1991, p. 1.

le PQ et ses alliés hésitent-ils toujours à mobiliser leurs adhérants, à vendre la souveraineté? Déjà certains panneaux publicitaires vantent les mérites de l'unité canadienne en disant «Mon Canada comprend aussi le Québec», mais on ne voit rien pour chanter les vertus de la souveraineté. Revit-on les mêmes offensives fédéralistes qu'en 1979-1980 sans opposition vigoureuse?

Que fait le Mouvement Québec qui se targuait en février 1991 de pouvoir rassembler 200 000 adhérents et de vendre des cartes d'adhésion au coût de 5 $[6]? À part quelques manifestations de soutien à la souveraineté, le Mouvement ne semblait pas avoir encore pris son envol à l'automne 1991. Peut-être se terre-t-il pour mieux surgir de sa tanière ou, ce qui serait plus grave, peut-être a-t-il du plomb dans les ailes? À quand un regroupement efficace pour la souveraineté, sur le modèle de Pro-Canada d'avant 1980, afin de publiciser cette option?

Du gouvernement fédéral, on le sait par expérience, il ne faut pas s'attendre à ce qu'il se laisse attaquer sans réagir. Les vieilles recettes du passé vont encore servir. Brian Mulroney n'a pas hésité à s'entourer d'une bureaucratie héritée de l'époque Trudeau et à recourir aux mêmes conseillers. Il a nommé Gérard Veilleux à la présidence de Radio-Canada et celui-ci n'a pas hésité à manipuler le petit écran pour servir à des fins politiques lors des négociations de la dernière chance entourant l'Accord du lac Meech[7]. Veilleux avait été sous-ministre associé au ministère fédéral des Finances au moment où Chrétien en était titulaire en 1978 et il fut l'architecte d'un projet d'union économique qui devait renforcer les pouvoirs d'Ottawa dans les domaines de la main-d'œuvre et du développement industriel durant les négociations constitutionnelles de 1980-1982.

---

6. «Québec 1991 réclame un référendum dès cette année», *La Presse*, 15 février 1991, p. B 1.
7. Michel Vastel, *Bourassa*, Montréal, Éditions de l'Homme, 1991, p. 167.

Paul Tellier, l'homme qui a été la cheville ouvrière de l'opposition à la souveraineté du Québec entre 1976 et 1980, est devenu depuis août 1985 le greffier du Conseil privé, c'est-à-dire le premier sous-ministre du gouvernement fédéral.

Discrètement, Tellier a de nouveau mis sur pied un Groupe de travail sur l'unité canadienne, doté d'un budget de huit millions et composé d'une trentaine de professionnels, dont plusieurs avaient travaillé avec lui entre 1976 et 1980, et qui ont pour tâche de conseiller la bureaucratie fédérale et le bureau du premier ministre sur les stratégies à adopter, les campagnes de publicité à mettre en branle, etc[8].

Yvan Allaire, un des coauteurs du Livre beige du Parti libéral du Québec en 1980, ne se faisait guère d'illusion sur le contingent de francophones qui s'était emparé de la technostructure du gouvernement fédéral à Ottawa. «Ils sont particulièrement féroces, ces francophones à Ottawa, envers les hommes politiques du Québec, affligés qu'ils sont d'attaques nationalistes, un mal chronique dont la récurrence doit être traitée avec une dose massive de centralisme[9].» Il ajoutait que pour eux le Québec était une province comme les autres et que toutes ces velléités d'affirmation nationale devaient être écrasées par tous les moyens mis à la disposition d'un État central.

Bref, Mulroney se comporte exactement comme le fils spirituel de Trudeau en s'entourant de ses mêmes hommes clés et en menant l'offensive fédéraliste. Sa fonction l'exige. Les offres fédérales de 1991 sont on ne peut plus centralisatrices.

Le gouvernement fédéral aura toujours avec lui dans sa lutte contre la souveraineté l'appui du patronat québécois qui privilégie majoritairement toujours

---

8. *Ibid.*, p. 173.
9. Yvon Allaire, «Le ravalement du Québec», *La Presse*, 17 avril 1982, p. B 3.

cette option. Il faut toutefois préciser que les hommes d'affaires ne sont plus ce bloc monolithique qu'ils étaient en 1980 puisque un peu plus de 30 p. 100 de ses membres appuient la souveraineté assortie d'une association économique[10].

Les tenants de la souveraineté ont beaucoup de travail à faire pour assurer, d'une part, leur position qui demeure fragile et, d'autre part, pour convertir les Anglo-Québécois et les membres des autres minorités ethniques à leur cause puisque ces deux groupes n'avaient appuyé le Oui au référendum de 1980 que dans une proportion de 5 p. 100.

Des sondages récents montrent cependant des signes encourageants. Le spécialiste en sondage du Parti québécois, Michel Lepage, a compilé les résultats de trois sondages effectués entre les mois de janvier et juin 1991 auprès de 500 personnes non francophones, et démontre que, s'il y avait un nouveau référendum sur la souveraineté-association, 9 p. 100 des anglophones du Québec y seraient très ou assez favorables contre 84 p. 100 peu ou pas du tout favorables.

Chez les autres minorités ethniques, les résultats étaient de 25 p. 100 (très ou assez favorables) et 63 p. 100 (pas ou peu favorables[11]). Selon Lepage, les principaux appuis à la souveraineté viennent surtout des communautés hispanophones, haïtiennes et arabes.

Sur le plan international, le gouvernement fédéral a marqué de nombreux points contre la souveraineté québécoise en obtenant de nombreux témoignages d'hommes d'État étrangers qui ont chanté les vertus du fédéralisme canadien. Même les représentants lituaniens en visite à Ottawa se sont joints à ce chant

---

10. Michel Van De Walle, «Les patrons favorisent un Québec plus autonome dans un fédéralisme nouveau«, *La Presse,* 19 février 1991, p. B 1.
11. Ces chiffres nous ont été communiqués par Michel Lepage, le 8 août 1991.

des cigales pour obtenir en retour l'appui du gouvernement canadien aux Nations unies.

M. Parizeau s'est même senti obligé de multiplier les voyages aux États-Unis et en France pour ranimer les sympathies envers la souveraineté québécoise. Ce n'est pas la reconnaissance des pays baltes par les pays européens ou par les Américains (l'indépendance des pays baltes fait d'ailleurs l'affaire du bloc occidental puisqu'elle démantèle l'empire soviétique) qui changera cette situation puisque tant la Communauté économique européenne que les États-Unis hésitent encore avant de reconnaître à la Slovénie et à la Croatie le droit à la souveraineté et qu'ils ont d'instinct pris position au début pour la fédération yougoslave.

Il est évident que le Canada en tant que pays perdrait énormément de prestige si le Québec se séparait. En conséquence, il marchande l'appui d'autres chefs d'État. On dit que les Canadiens anglais ressentiraient comme une blessure d'amour-propre le fait que le Canada ne fasse plus partie du Groupe des Sept pays industrialisés. Pourtant la Communauté économique européenne y délègue son représentant. Pourquoi la nouvelle communauté économique Canada-Québec ne pourrait-elle pas y être représentée?

Parmi les projets mobilisateurs autour de la souveraineté, il y en a un dont on n'a pas fait grand cas jusqu'à présent et qui avait été évoqué notamment par la CEQ lors du dépôt de son mémoire à la commission Bélanger-Campeau[12]. Il s'agit de la convocation d'une assemblée constituante pour rédiger un projet de constitution pour le Québec qui serait ensuite entériné par référendum. En raison du délai d'une telle démarche, au moins deux ans, cette initiative permet-

---

12. «La démarche démocratique de constitution du Québec indépendant», Extraits du mémoire présenté par la CEQ, *La Presse*, 12 décembre 1990, p. B 3.

trait au peuple québécois de définir un modèle original à ses institutions politiques et juridiques de demain en s'inspirant des exemples américain, suisse, français ou autres. Elle lui permettrait aussi de statuer sur la place et l'importance des droits et libertés, des droits socio-économiques, des droits collectifs et des droits des peuples autochtones.

Au sein même du Parti libéral du Québec, l'ex-premier ministre Jean Lesage, alors qu'il était devenu chef de l'Opposition, s'était dit favorable à l'adoption d'une constitution québécoise[13]. Plus récemment, le rapport Allaire y faisait allusion, mais n'entrevoyait pas d'enclencher le processus avant la tenue du référendum de 1992. Toutefois, l'aile jeunesse du PLQ, à son congrès du début d'août 1991, a demandé au gouvernement d'amorcer dès maintenant le processus devant mener à l'élaboration d'une constitution québécoise[14].

Bien qu'il ne favorisait pas la convocation d'une assemblée constitutante mais plutôt une commission parlementaire, Jacques-Yvan Morin écrivait en 1985 que les services que peut rendre une constitution dans une société pluraliste sont plus importants que dans une société ancrée depuis des siècles dans les traditions, comme la Grande-Bretagne. Les constitutions permettent de «mieux ordonner l'exercice du pouvoir politique et [de] répondre aux besoins et aspirations des citoyens, voire aux problèmes qui ne peuvent manquer de surgir dans une société en mutation, comme l'est la société québécoise[15]».

13. Assemblée nationale du Québec, Comité de la constitution, *Débats de l'Assemblée législative du Québec*, p. 545-563.
14. Parti libéral du Québec, *Un Québec libre de ses choix*, Rapport du comité constitutionnel, 25 janvier 1991, p. 58. Commission-jeunesse du Parti libéral du Québec, *Cahier du congressiste*, congrès-jeunes, Saint-Augustin, p. 17-18.
15. Jacques-Yvan Morin, «Pour une nouvelle Constitution du Québec», *Revue de droit de McGill*, vol. XXX, n° 2, 1985, p. 171-220.

À la condition que cet exercice soit bien encadré, la préparation d'une nouvelle constitution est un exercice d'autant plus enrichissant qu'il permet aux citoyens de créer en quelque sorte leur propre État, comme le fut la Constituante française en 1789. Un apprentissage très formateur.

Peu importe le destin du Québec, une constitution aurait au moins le mérite de pouvoir être utilisable dans un contexte autant fédéral que d'indépendance. D'ailleurs, une province canadienne, et elle est la seule, s'est déjà dotée d'une constitution interne; il s'agit de la Colombie-Britannique.

La seule contrainte existante dans le régime fédéral est que la fonction du lieutenant-gouverneur du Québec est intangible puisque le représentant de la reine est le chef d'État de la fédération et qu'il faille tenir compte de la division des pouvoirs entre l'État fédéral et l'État provincial.

Ce qu'il faut savoir, c'est que l'idée de constitution confère une notion de suprématie; elle devient ni plus ni moins la loi des lois. En règle générale, il faut plus qu'une majorité simple pour pouvoir la modifier. Actuellement, la Charte des droits et libertés du Québec a une certaine prépondérance sur les lois, à moins que celles-ci n'énoncent clairement qu'elles ont une supériorité sur la Charte. Cette situation complique beaucoup l'interprétation des lois.

Une telle mobilisation permettrait peut-être aux Québécois de contenir et d'exorciser cette peur incontrôlable qui les tenaille face aux menaces de toute nature qui surgissent lorsqu'ils sont appelés à faire des choix cruciaux pour leur avenir collectif ou à se libérer d'une tutelle plus que centenaire.

Chronologie référendaire

1967

24 juillet: Du haut du balcon de l'hôtel de ville de Montréal, Charles de Gaulle, président de la république française, prononce un discours émouvant sur l'avenir des Québécois francophones en reprenant le slogan du Rassemblement pour l'indépendance nationale: «Vive le Québec libre».

29 juillet: Le député François Aquin quitte le Parti libéral pour protester contre les critiques de son parti au discours de de Gaulle. Il sera le premier député indépendantiste.

18 septembre: Devant l'association libérale du comté de Laurier, René Lévesque dévoile la première ébauche de son projet de souveraineté association.

14 octobre: Face au refus du congrès du Parti libéral du Québec de discuter son projet constitutionnel, Lévesque quitte le parti entraînant avec lui une vingtaine de militants.

18-19 novembre: Fondation, au monastère Saint-Albert-Le-Grand à Montréal, du Mouvement souveraineté association.

23-26 novembre: Assises des États généraux du Canada français. Les délégués réclament pour le Québec tous les pouvoirs d'un État souverain.

1968

6 avril: Pierre Elliott Trudeau est élu chef du Parti libéral du Canada.

25 juin: Le Parti libéral du Canada remporte les élections générales avec 155 sièges contre 72 pour le Parti conservateur, 22 pour le NPD, 14 pour le Crédit social et un indépendant. La veille, lors du défilé de la Saint-Jean à Montréal, Trudeau avait bravé une foule de manifestants indépendantistes, hostiles à sa présence, qui lançaient des projectiles sur l'estrade d'honneur.

12-14 octobre: Fondation à Québec du Parti québécois, né de la fusion du Mouvement Souveraineté Association et du Ralliement national de Gilles Grégoire. Deux semaines plus tard, le Rassemblement pour l'indépendance nationale se dissoudra et ses membres décideront d'adhérer au PQ sur une base individuelle.

1970

29 avril: Lors des élections provinciales, les libéraux, dirigés par Robert Bourassa, remportent 72 sièges sur 108. L'Union nationale se retrouve dans l'opposition avec 17 sièges, suivie du Ralliement des créditistes avec 12 sièges. Le Parti québécois fait son entrée officielle à l'Assemblée nationale avec sept sièges.

1972

21 mai: Claude Morin, qui avait démissionné comme sous-ministre des Affaires intergouvernementales en août 1971, annonce son adhésion au Parti québécois. On le surnommera plus tard le «père de l'étapisme».

1973

Octobre: Vers la fin de la campagne électorale, les responsables de la campagne électorale du Parti québécois prennent leur distance du programme du parti en publiant des annonces publicitaires affirmant qu'un vote pour le PQ n'est pas un vote pour la souveraineté et qu'un référendum se tiendra en 1975.

29 octobre: Balayage libéral lors des élections provinciales avec 102 sièges sur 110. Le Parti québécois devient l'opposition officielle avec six députés. Le Ralliement créditiste ne réussit à faire réélire que deux députés.

1974

15-17 novembre: Le cinquième congrès du Parti québécois adopte une résolution engageant le parti à mettre en branle le processus d'accession à la souveraineté peu après son élection et prévoyant qu'en cas d'échec dans ses pourparlers avec Ottawa, les Québécois soient consulté par voie de référendum sur l'indépendance.

1976

15 novembre: Le Parti québécois triomphe aux élections générales en remportant 71 sièges contre 26 aux libéraux, 11 à l'Union nationale, un au Ralliement créditiste et un au Parti national populaire.

16 novembre: Lors d'une conférence de presse, René Lévesque déclare qu'il a mis en veilleuse le programme du parti prévoyant des négociations immédiates avec Ottawa. Il laisse entendre que le référendum devra précéder la négociation.

19 novembre: Robert Bourassa démissionne comme chef du Parti libéral du Québec.

Décembre: Création à Hull, par le député libéral Michel Gratton, du Mouvement Québec-Canada dont l'objectif est de faire valoir les avantages pour le Québec de demeurer dans le Canada et d'aider à unir les partis et les groupes fédéralistes en vue du référendum.

1977

Janvier: Création du Comité d'action positive par un avocat de Montréal, Alex Paterson, et un professeur de philosophie de McGill, Storrs McCall. Son but est d'unir les anglophones du Québec et de préparer la critique face à l'adoption de la loi 101.

Février: Le premier ministre canadien Pierre Elliott Trudeau met sur pied un groupe de coordination de l'unité nationale, dirigé par Paul Tellier.

29 mai: Le sixième congrès du PQ entérine la position de Lévesque de tenir un référendum avant d'engager des négociations avec le reste du Canada.

Juillet: Trudeau annonce la création de la commission Pépin-Robarts sur l'unité nationale.

4 août: Trudeau met sur pied le Centre d'information sur l'unité canadienne afin, dit-il, de contrecarrer la propagande subversive du gouvernement péquiste à Québec dont l'information favorise le séparatisme.

13 octobre: Formation du Comité préréférendaire Québec-Canada, appelé familièrement Comité Pro-Canada, regroupant six organismes pro-fédéralistes en vue de faire front commun dans l'éventualité d'un référendum. Des représentants de partis politiques fédéralistes viennent se greffer à l'organisme.

1978

10 janvier: Claude Ryan présente sa candidature à la direction du Parti libéral du Québec.

16 avril: Claude Ryan est élu chef du PLQ, l'emportant sur son adversaire Raymond Garneau par 1748 voix contre 807.

10 juin: Le gouvernement fédéral publie le document *Le temps d'agir,* résumant ses propositions pour renouveler le fédéralisme.

5 juillet: Première élection partielle depuis l'élection du Parti québécois en novembre 1976. L'ex-secrétaire de la commission Pépin-Robarts, Reed Scowen, rem-

porte le siège de Notre-Dame-de-Grâce sous l'étiquette libérale.

Juillet: Michel Robert, ex-président de la Commission
politique du PLQ, devient président du Comité préréférendaire Québec-Canada en remplacement de
Claude Castonguay.

10 octobre: Dans une déclaration à l'Assemblée nationale, René Lévesque affirme que la souveraineté est
indissociable de l'association économique avec le
Canada et qu'en conséquence le Québec ne pourra se
déclarer souverain sans avoir négocié une association
économique. Ce concept est devenu la stratégie du
«trait d'union».

1979

24 janvier: La commission Pépin-Robarts dépose son
rapport sur l'unité canadienne.

22 février: Le Comité préréférendaire Québec-Canada
met fin à ses opérations.

23 février: Le Parti québécois publie un manifeste sur
la souveraineté-association intitulé *D'égal à égal.*

30 avril: Élections partielles dans deux comtés du Québec. Le chef libéral Claude Ryan est élu dans Argenteuil et le libéral Jean-Claude Rivest dans Jean-Talon.

22 mai: Le Parti conservateur de Joe Clark remporte le
pouvoir lors des élections générales canadiennes avec
136 sièges contre 114 pour le Parti libéral, 26 pour le
NPD et 6 pour le Crédit social.

1-3 juin: Le septième congrès du Parti québécois entérine la nouvelle stratégie du trait d'union définie par la direction.

21 juin: René Lévesque annonce que le référendum n'aura lieu qu'au printemps 1980.

21 septembre: René Lévesque remanie son cabinet. Deux ministres sont recalés à l'arrière-banc: Rodrigue Tremblay et Louis O'Neil.

1er novembre: Le gouvernement du Québec dépose son Livre blanc sur la souveraineté-association.

14 novembre: Le Parti libéral remporte trois autres élections partielles, dont deux aux dépens du Parti québécois, dans les comtés de Beauce-Sud, Maisonneuve et Prévost.

21 novembre: Pierre Elliott Trudeau annonce qu'il démissionne de la direction du Parti libéral du Canada.

13 décembre: Le gouvernement conservateur minoritaire obtient un vote de non-confiance sur son budget et le premier ministre Clark annonce que des élections générales se tiendront le 18 février.

17 décembre: Trudeau annonce qu'il revient sur sa décision de ne plus diriger le Parti libéral du Canada et qu'il mènera les troupes libérales lors des élections générales.

20 décembre: Lévesque dévoile à l'Assemblée nationale le libellé de la question référendaire.

1980

10 janvier: Le Parti libéral du Québec publie son projet de nouvelle fédération canadienne, baptisé Livre beige.

18 février: Le Parti libéral du Canada, dirigé par Trudeau, remporte les élections générales avec 148 sièges contre 103 pour les conservateurs et 32 pour les néodémocrates.

3 mars: Rodrigue Biron démissionne de la direction de l'Union nationale et annonce qu'il soutiendra la campagne du «Oui» lors du référendum.

4 mars: Ouverture du débat sur la question référendaire à l'Assemblée nationale qui se tiendra jusqu'au 20 mars.

5 mars: Assermentation du nouveau Conseil des ministres de Trudeau à Ottawa. Jean Chrétien devient ministre de la Justice et ministre responsable des Relations fédérales-provinciales.

9 mars: Devant un auditoire partisan, Lise Payette déclare que Claude Ryan a épousé une «Yvette», référence à l'utilisation d'un modèle sexiste dans les manuels scolaires, et qu'il va vouloir des «Yvettes» plein le Québec.

7 avril: Quinze mille «Yvettes» remplissent le Forum de Montréal afin de donner leur appui à la campagne du «Non».

15 avril: Émission du bref référendaire lançant officiellement la campagne référendaire.

15 avril: À la Chambre des communes, Trudeau prononce le premier de ses quatre discours de la campagne référendaire.

11 mai: Le directeur général du financement des partis politiques, Pierre-Olivier Boucher, annonce son intention de poursuivre le gouvernement fédéral pour avoir diffusé des messages publicitaires allant à l'encontre de la Loi sur la consultation populaire.

14 mai: Lors de son dernier discours de la campagne, Trudeau déclare solennellement qu'il s'engage à renouveler le fédéralisme advenant la victoire du Non. Puis, s'adressant au Canada anglais, il ajoutera que les députés libéraux du Québec mettent leurs têtes et leurs sièges en jeu afin de voir se réaliser ce fédéralisme renouvelé.

16 mai: Le Conseil du référendum, composé de trois juges de la Cour supérieure, répondant à la requête du directeur du financement des partis politiques, déclare que le gouvernement fédéral et le gouvernement du Québec ne sont pas liés par la Loi sur la consultation populaire.

20 mai: Jour du référendum. Le «Non» l'emporte avec 59,56 p. 100 des votes contre 40,44 p. 100 «Oui».

9 juin: Trudeau convoque au 24 Sussex Drive les premiers ministres provinciaux afin d'établir un calendrier de travail en vue de rapatrier la constitution de Londres et de renouveler le fédéralisme.

12-16 septembre: La première conférence constitutionnelle des premiers ministres se solde par un échec.

2 octobre: Dans un discours à la nation, Trudeau annonce qu'il va procéder au rapatriement unilatéral de la constitution et demander au Parlement britannique d'amender l'Acte de l'Amérique du Nord britannique en approuvant sa Charte des droits et libertés.

7 décembre: Quinze mille personnes se réunissent au Forum de Montréal pour exprimer leur opposition au projet de Trudeau. On y dévoile une pétition signée par 350 000 personnes opposées à la démarche du gouvernement fédéral.

1981

12 mars: René Lévesque déclenche des élections pour le 13 avril.

13 avril: Le PQ remporte 80 sièges lors des élections générales et les libéraux 42 sièges.

16 avril: Lévesque rencontre sept premiers ministres provinciaux opposés à la démarche d'Ottawa et il signe avec eux un accord sur les modalités du rapatriement de la constitution.

2-5 novembre: Conférence des premiers ministres sur la constitution. Dans la nuit du 4 au 5 novembre, les représentants du gouvernement fédéral et les premiers ministres du Canada anglais concoctent, à l'insu de la délégation québécoise, un accord sur un projet de constitution. Cette nuit sera décrite comme la «nuit des longs couteaux» puisqu'elle s'est faite sur le dos du Québec.

Bibliographie

I. DOCUMENTS D'ARCHIVES

ARCHIVES DU PARTI LIBÉRAL DU QUÉBEC, Montréal, Documents relatifs au référendum, Boîtes numérotées 87-90, 92-99, 103-112.

ARCHIVES DU PARTI QUÉBÉCOIS, Montréal, Documents relatifs au référendum, vingt boîtes non répertoriées.

ARCHIVES NATIONALES DU CANADA, Ottawa, Fonds du Centre d'information sur l'unité canadienne, Acc. 1984-5/574, RG 137, Volume III, 13, 15 à 18, 20, 23, 29, 31 à 39, 41, 46 à 50, 54-55, 59, 77, 87, 1977-1981.

ARCHIVES NATIONALES DU QUÉBEC, Québec, Fonds Jean-François Bertrand, Documents ayant trait au référendum, trois boîtes.

II. MONOGRAPHIES

ACSALF, *La souveraineté du Québec. Aspects économique, politique et culturel*, Actes du colloque, Ottawa, Université d'Ottawa, les 11 et 12 mai 1978, 295 p.

ANGERS, François-Albert, «Notre référendum 1. Mesure de l'échec» «Notre référendum 2. Les dangers d'une opération référendaire mal engagée et mal conduite», *L'Action nationale*, Vol. LXX, été 1980, p. 13 à 29, 91 à 109.

BARBERIS, Robert et Pierre DROUILLY, *Les illusions du pouvoir. Les erreurs stratégiques du gouvernement Lévesque*, Montréal, Éditions Sélect, 1980, 238 p.

BAU, Jean-François, *Historicité et identité nationale dans le discours référendaire québécois*, mémoire de maîtrise, Communications, UQAM, 1984, 223 p.

BERGERON, Gérard, *Ce jour-là le référendum*, Montréal, Éditions Quinze, 1978, 256 p.

BERGERON, Gérard, *Syndrome québécois et mal canadien*, Préface de Louis Duclos, Québec, Les Presses de l'Université Laval, 1981, 297 p.

BERGERON, Gérard, *À nous autres, aide-mémoire politique par le temps qui court*, Montréal, Éditions Québec/Amérique, 1986, 209 p.

BERNARD, André et Bernard DESCOTEAUX, *Québec: élections 1981*, LaSalle, Hurtubise HMH, coll. «Science politique», 1981, 230 p.

BOUCHER, Michel, «Le référendum de mai 1980: présentation de quelques résultats statistiques», *Politique*, n° 6, automne 1984, p. 103-124.

BOUDREAU, Ernest, *Le rêve inachevé. Le PQ, l'indépendance et la crise*, Préface de Pierre de Bellefeuille, Montréal, Nouvelle Optique, 1983, 165 p.

BOURASSA, Robert, *L'union monétaire et l'union politique sont indissociables*, Montréal, Parti libéral du Québec, série Textes référendaires, avril 1980, 31 p.

BRIMELOW, Peter, *The Patriot Game*, Toronto, Key Porter Books, 1986, 310 p.

BROSSARD, Jacques, *L'accession à la souveraineté et le cas du Québec: conditions et modalités*, Montréal, Les Presses de l'Université de Montréal, 1976, 800 p.

BRUN, Henri et Guy TREMBLAY, *Droit constitutionnel*, Cowansville, Éditions Yvon Blais, 1990, 1232 p.

«CAHIERS DE RECHERCHE ÉTHIQUE 7», «*Le référendum: un enjeu collectif*», Montréal, Fides, 1979, 175 p.

CALDWELL, Gary et Eric WADDELL (dir.), *Les anglophones du Québec: de majoritaires à minoritaires*, Québec, Institut québécois de recherche culturelle, Coll.«Identités et changements culturels», n° 1, 1982, 478 p.

CARON, André H., Chantal MAYRAND et David E. PAYNE, «L'imagerie politique à la télévision: les derniers jours de la campagne référendaire», *Revue canadienne de science politique*, vol. XVI, n° 3, sept. 83, p. 745-774.

CLARKSON, Stephen et Christina McCALL, *Trudeau. L'Homme. L'Utopie. L'Histoire*, Montréal, Boréal, 1990, 479 p.

CLOUTIER, Édouard (dir.), *Québec: un pays incertain*, Montréal, Éditions Québec/Amérique, 1980, 312 p.

COULOMBE, Françoise, *Le débat préréférendaire au Québec*, Bulletin d'actualité 79-30F, Ottawa, Bibliothèque du parlement, Div. des Affaires politiques et sociales, Service de recherches, 12 septembe 1979, 16 p.

CRÊTE, Jean (dir.), *Comportement électoral au Québec*, Chicoutimi, Gaëtan Morin éditeur, 1984, 477 p.

DEMERS, François, *Chroniques impertinentes du 3ᵉ Front commun syndical*, Montréal, Nouvelle Optique, 1982, 170 p.

DION, Léon, *Québec 1945-2000. À la recherche du Québec*, tome 1, Québec, Les Presses de l'Université Laval, 1987, 182 p.

DION, Léon, *Le Québec et le Canada. Les voies de l'avenir*, Montréal, Éditions Québecor, 1980, 236 p.

DUBÉ, Marcel et Yves MICHAUD (en collaboration), *Le Québec 1967-1987: du général de Gaulle au lac Meech*, Montréal, Guérin Littérature, 1987, 237 p.

DUFOUR, Christian, *Le défi québécois*, Montréal, L'Hexagone, 1989, 178 p.

FELDMAN, Elliott J., édit., *The Quebec referendum: What happened and What Next? A dialogue the Day after with Claude Forget and Daniel Latouche*, Cambridge, University Consortium for research on North America, Harvard University, 1980, 53 p.

FERLAND Marc et Yves VAILLANCOURT, *Socialisme et indépendance au Québec: pistes pour le mouvement ouvrier et populaire*, Montréal, Éditions Albert Saint-Martin, 1981, 86 p.

FITZMAURICE, John, «The Referendum of 20th May 1980 and its Wider Context», *Hull Papers in Politics*, n° 22, mars 1981, 31 p.

FOURNIER, Pierre (dir.), *Capitalisme et politique au Québec*, Montréal, Éditions Albert Saint-Martin, 1981, 292 p.

FRASER, Graham, *Le Parti québécois*, Montréal, Libre Expression, 1984, 432 p.

GUINDON, Hubert, *Tradition, modernité et aspiration nationale de la société québécoise*, Montréal, Éditions Saint-Martin, 1990, 233 p.

GWYN, Richard, *Le Prince*, Montréal, France-Amérique, 1981, 481 p.

JOHNSTON, Donald (dir.), *Lac Meech. Trudeau parle...*, LaSalle, Hurtubise HMH, 1989, 170 p.

LAHAIE, Suzanne, *Le mouvement étudiant pour le Oui (Méoui) au Québec comme mouvement d'opinion*, mémoire de maîtrise, Science politique, Université de Montréal, janvier 1981, 160 p.

«La recherche du pays», *Critère. 2. Le Québec*, Montréal, n° 28, printemps 1980, 233 p.

LAURIN-FRENETTE, Nicole et Jean-François LÉONARD (dir.), *L'impasse: enjeux et perspectives de l'après-référendum*, Montréal, Nouvelle Optique, coll. «Matériaux», 1980, 162 p.

LÉGER, Marcel, *Le Parti québécois: ce n'était qu'un début...*, Montréal, Éditions Québec/Amérique, 1986, 350 p.

LÉVESQUE, René, *Option Québec*, Précédé d'un essai d'André Bernard, Montréal, Éditions de l'Homme, 1988, 254 p.

LÉVESQUE, René, *Attendez que je me rappelle...*, Montréal, Éditions Québec/Amérique, 1988, 525 p.

LISÉE, Jean-François, *Dans l'œil de l'aigle*, Montréal, Boréal, 1990, 577 p.

MACDONALD, Ian L., *De Bourassa à Bourassa*, Montréal, Éditions Primeur, 1985, 270 p.

MASCOTTO, Jacques et Pierre-Yves SOUCY, «Le référendum dans le miroir de la démocratie», *Les cahiers du socialisme*, n° 5, printemps 1980, p. 80-96.

McROBERTS, Kenneth et Dale POSGATE, *Développement et modernisation du Québec*, Montréal, Boréal Express, 1983, 350 p.

MONIÈRE, Denis, *Les enjeux du référendum*, Montréal, Éditions Québec/Amérique, 1979, 207 p.

MORIN, Claude, *Lendemains piégés: du référendum à la «nuit des longs couteaux»*, Montréal, Boréal Express, 1988, 398 p.

MURRAY, Vera, *Le Parti québécois: de la fondation à la prise du pouvoir*, LaSalle, Hurtubise HMH, 1976, 242 p.

ORNSTEIN, Michael D. et H. Michael STEVENSON, «Elite and Public Opinion before the Quebec Referendum: A Commentary on the State in Canada», *Revue canadienne de science politique*, vol. XIV, n° 4, déc. 1981, p. 745-774.

PATENAUDE, Pierre, «La publicité, propagande électorale et référendaire au Québec», *La revue du Barreau*, Montréal, tome 41, n° 5, nov.-déc. 1981, p. 1045-1054.

PAYETTE, Lise, *Le Pouvoir? Connais-pas!*, Montréal, Éditions Québec/Amérique, 1982, 212 p.

PILAR, Hanna, *The Canadian Unity Information Office and You*, Ottawa, Bibliothèque du Parlement, janvier 1981, 40 p.

SAINT-LAURENT, Marie-Claude, *Les moyens non contraignants de défense d'un État face à une menace sécessionniste: le cas canadien de 1980*, mémoire de maîtrise, Science politique, Université de Montréal, 1986, 114 p.

SAYWELL, John, *The Rise of the Parti Québécois. 1967-1976*, Toronto, University of Toronto Press, 1977, 174 p.

SHEPPARD, Robert et Michael VALPY, *The National Deal*, Toronto, Macmillan, 1984, 344 p.

TRUDEAU, Pierre Elliott, *Le fédéralisme et la société canadienne-française*, LaSalle, Éditions HMH, 1967, 228 p.

TRUDEAU, Pierre Elliott et Thomas S. AXWORTHY (dir.), *Les années Trudeau*, Montréal, Le Jour, 1990, 428 p.

VASTEL, Michel, *Trudeau le Québécois*, Montréal, Éditions de l'Homme, 1989, 322 p.

VASTEL, Michel, *Bourassa*, Montréal, Éditions de l'Homme, 1991, 320 p.

Table

IMPRIMÉ AU QUÉBEC (CANADA)